Theodor Gomperz

Die Bruchstücke der griechischen Tragiker

Theodor Gomperz

Die Bruchstücke der griechischen Tragiker

ISBN/EAN: 9783743333802

Hergestellt in Europa, USA, Kanada, Australien, Japan

Cover: Foto ©ninafisch / pixelio.de

Manufactured and distributed by brebook publishing software (www.brebook.com)

Theodor Gomperz

Die Bruchstücke der griechischen Tragiker

DIE BRUCHSTÜCKE

DER

GRIECHISCHEN TRAGIKER

UND

COBET'S NEUESTE KRITISCHE MANIER.

αἰσχρὸν σιωπᾶν.

EIN MAHNWORT

VON

TH. GOMPERZ.

WIEN, 1878.

ALFRED HÖLDER,
K. K. HOF- UND UNIVERSITÄTS-BUCHHÄNDLER,
Rothenthurmstrasse 15.

DIE BRUCHSTÜCKE

DER

GRIECHISCHEN TRAGIKER

UND

COBET'S NEUESTE KRITISCHE MANIER.

Ein bitterböser Angriff auf Carl Gabriel Cobet? Ein leidenschaftlicher Versuch, Ruhm und Bedeutung des gefeierten Hellenisten zu schmälern? Vielleicht durchwürzt mit allerhand gehässigen nationalen Ausfällen gegen den 'holländischen' Kritiker? — Nichts von alledem. Wer diese Blätter mit solcher Erwartung in die Hand nimmt, der wird sie bald enttäuscht zur Seite legen. Ihr Verfasser war allezeit ein aufrichtiger Bewunderer von Cobet's kritischer Muse und er hat dieser seiner Gesinnung mehrfach den wärmsten und kräftigsten Ausdruck geliehen. Allein er fühlt sich trotzdem, oder besser darum nur desto mehr verpflichtet, seine Stimme gegen immer üppiger wuchernde Missbräuche, gegen Auswüchse und Ausschreitungen zu erheben, die sich nachgerade zu ernsten Gefahren gestalten, — zu Gefahren für die jüngere Philologen-Generation, für den Betrieb der kritischen Kunst, für ihr Ansehen und ihre Würde in den Augen des Fach- wie des Laienpublicums, und nicht am wenigsten freilich für die Autorität und den Nachruhm des um die griechische Literatur hochverdienten Leydner Gelehrten.

Ich empfing das jüngste Heft der Zeitschrift Mnemosyne *(Nova series, V, 3)* gerade in dem Augenblicke als ich zum Bahnhof eilte um eine Ferienreise anzutreten. Ich konnte mir im Eisenbahn-Waggon keine anregendere Gesellschaft wünschen. Die Stunden verflogen wie Minuten, während ich drei Aufsätze an der Spitze des Heftes — insgesammt den Bruchstücken der griechischen Tragiker gewidmet — mehr verschlang als las. Eine Reihe von glänzenden Verbesserungen, von geistvollen Bemerkungen übte eine blendende Wirkung. Dazwischen tauchte freilich allerhand Befremdliches auf: längst bekannte Emendationen, augenscheinlich verfehlte Conjecturen, völlig grundlose Aenderungsversuche. Allein 'es irrt der Mensch so lang er strebt', und productive Naturen, die viel leisten und dabei nicht wenig irren, schienen mir immer ein reiches Mass von Nachsicht und weitaus den Vorzug vor jener kahlen Correctheit zu verdienen, die wenig verfehlt und wenig vollbringt. Doch eine erneute aufmerksame Lectüre veränderte jenen ersten Eindruck bereits gewaltig. Licht und Schatten vertheilten sich alsbald in wesentlich anderer, dem Verfasser weit weniger günstiger Weise. Und als ich mich schliesslich, von meinen Büchern umgeben, mehr und mehr nachprüfend in das Einzelne vertiefte, mit wachem Sinn und allgemach stark gewecktem Misstrauen, da ward mir eine Ueberraschung nach der anderen zu Theil, mein Erstaunen wuchs in's Grenzenlose, bis ich endlich mich zu verwundern fast verlernt hatte; Stein um Stein löste sich ab von dem stolzen Bau, den ich anfangs zu erblicken vermeint hatte, und ich schaute — in ein Wirrsal von Irrthümern und Flüchtigkeiten! — Dies muss öffentlich gesagt werden, wenn nicht um des Meisters (was leider wenig fruchten dürfte), so doch um gegenwärtiger und künftiger Jünger und Nachahmer willen, und da es sich um ein Arbeitsfeld handelt, auf dem ich selbst seit mehr als zwei Jahrzehnten heimisch bin und auch weil ich mich von jedem Hauch von Uebelwollen gegen Cobet frei wusste, dünkte ich mir nicht ungeeignet diese Warnungstafel aufzupflanzen.

Dreierlei ist es, was ich dem Leydner Kritiker vorzuwerfen habe: ein meines Wissens beispielloses Sich-selbst-abschreiben, — den Superlativ jener freilich längst sprichwörtlich gewordenen 'Cobet'schen Nichtachtung der Vorgänger' und Mitforscher — und, was die Hauptsache ist, und weshalb ich allein die Feder ergriffen habe, unerhörten, ja kaum glaublichen Mangel an Sorgfalt und Gründlichkeit in der kritischen Arbeit selbst.

Nichts natürlicher, als dass ein Schriftsteller Ansichten, die er schon einmal geäussert, aber nicht zu voller Anerkennung gebracht hat, gelegentlich wiederholt, entweder um sie dort bekannt zu machen, wo sie noch unbekannt geblieben sind, oder um ihre Geltung durch das Gewicht neuer Gründe zu verstärken. Wozu es jedoch dienen soll, Conjecturen, die sich bereits in den gangbarsten Ausgaben verzeichnet finden (wie in Dindorf's *Poetae scenici graeci* oder in Nauck's kleinerer Ausgabe der Euripides-Fragmente), von neuem vorzubringen, oft mit fast denselben Worten, ohne Hinzufügung des kleinsten neuen

Arguments oder der winzigsten Parallelstelle vorzubringen — dies bleibt uns unerfindlich. Auch sollte man denken, es wäre für die Verbreitung einer Conjectur (zu Aeschylus Frg. 193) genug geschehen, wenn sie im Laufe eines Jahres zweimal *(Mnemos. IV, 98* und *Miscell. critica p. 123)* urbi et orbi verkündet ward, und es läge kein dringendes Bedürfniss vor dieselbe (übrigens wie ich zu zeigen hoffe mehr als zweifelhafte) Vermuthung im Laufe des darauf folgenden Jahres noch ein drittesmal der Kenntnissnahme des philologischen Publicums aufzudrängen! Auch wird der Leser keineswegs immer durch ein '*maneo in vetere sententia*', '*nondum me poenitet veteris conjecturae*' u. dgl. darüber aufgeklärt, dass er statt mit frischer Kost nur mit kritischen Conserven bedient wird. Wäre es da nicht besser, Cobet trüge ein für allemal dafür Sorge, dass seine Conjecturen in angemessenen Zwischenräumen (vielleicht nach Jahresfrist, wenn dies genügen sollte) Gläubigen und Ungläubigen von neuem in Erinnerung gebracht werden, etwa wie die *mutiny-act* im englischen Parlament alljährlich neu verlesen wird. Doch dies Verfahren hat nicht nur eine heitere Seite. Kann doch auch der Argloseste sich kaum des Gedankens erwehren, dass nicht die prunk- und scheinlose Wissenschaft es ist, der ein so übereifriger Dienst geweiht wird.

Wir kommen zu dem zweiten, ungleich heikleren Punkte, der Ignorirung fremder Leistungen. Hier steht die Sache einfach so, dass Cobet seiner Arbeit die Nauck'sche Fragmentsammlung vom Jahre 1856 (im Folgenden von mir *editio major* genannt) zu Grunde legt und von allem, was in diesen keineswegs unergiebigen zwanzig Jahren auf demselben Gebiete geleistet ward, keinerlei Notiz nimmt. Er dehnt diese Enthaltsamkeit so weit aus, dass er sogar von Naucks erneuter Bearbeitung der Euripides-Fragmente (Teubner, 1869, im Folgenden *editio minor* genannt) ebenso wenig Kenntniss nimmt, als von den jüngeren Auflagen der Dindorf'schen Sammlung. Die Zahl der hier vorgebrachten Aenderungsvorschläge, die längst von Anderen veröffentlicht und ein Gemeingut der Wissenschaft geworden sind, ist daher einfach Legion. Und nicht eben gering ist auch die Anzahl der Fälle, in welchen sich Cobet mit leichter Mühe von seinen Vorgängern eines besseren hätte belehren lassen können. Ja, in der Benützung

des Nauck'schen Werkes selbst hat sich unser Kritiker mitunter auf den Text allein beschränkt und die hart darunter befindliche knappe *adnotatio critica* keines oder nur des flüchtigsten Blickes gewürdigt.
So lautet frg. 327 bei Nauck also:

'κρείσσων γὰρ οὔτις χρημάτων πέφυκ' ἀνήρ,
πλὴν εἴ τις· ὅστις δ' οὗτός ἐστιν οὐχ ὁρῶ.

Stob. Flor. 10, 18: Εὐριπίδου Δανάης. 'κρείσσων — ὁρῶ.' vs. 2. εἶς τις Porson. οὐκ ἐρῶ Badham.'

Dazu bemerkt Cobet (p. 257): '*optime Badham* οὐκ ἐρῶ*, sed non satis est. Scribendum praeterea* πλὴν ΕΙC (εἶς) τις, *nam sic demum*' etc. — ohne Porson's mit einer Silbe zu gedenken! Kann man die Saloppheit weiter treiben? Ja wohl! Denn ich bemerke soeben, dass derselbe Cobet diesen Vers schon einmal (vor drei Jahren) behandelt und dabei das Verhältniss der beiden Stellen in höchst wunderbarer Weise umgekehrt hat. Dort (Mnemos. n. s. II, 96) hatte er Meineke's Text des Florilegium vor Augen, dem Porson's Emendation schon einverleibt ist; er las darin:

πλὴν εἶς τις· ὅστις δ' οὗτός ἐστιν οὐχ ὁρῶ

und bemerkte dazu: '*delirantis haec oratio est idem simul se scire ac nescire dicentis. Verum esse suspicor:* ὅστις δ' οὗτός ἐστιν οὐκ ἐρῶ' Die eine 'Emendation' ist also erweislichermassen eine Reminiscenz, und wahrscheinlich ist dies auch die andere; dort kennt er Porson als Urheber der ersten Verbesserung nicht, hier Badham nicht als Urheber der zweiten! — Halte ich darum Cobet für einen Plagiator? Nein und abermals nein. Aus vielen Gründen und zumal aus den zwei folgenden. Ich glaube nicht ohne zwingende Nöthigung an die Vereinigung literarischer Falschmünzerei mit hervorragenden wissenschaftlichen Verdiensten, die fast immer nur die Frucht eines tiefen und echten Wahrheitssinnes sind, und in unserem Falle kömmt noch eine besondere Erwägung in Betracht. Wenn Cobet darauf ausginge, fremdes Gut zu plündern, so müsste er dasselbe kennen lernen; wenn er es aber kennte, so würde er gar vieles daraus lernen, was er augenscheinlich niemals gelernt hat. Aber freilich ist es nicht möglich den holländischen Gelehrten von dem schimpflichen Vorwurf des Plagiarismus freizusprechen (was ich *optima fide* und aus vollster Ueberzeugung thue) ohne ihn der allerärgsten Flüchtigkeit zu zeihen. Auch gibt es Abstufungen der literarischen Redlichkeit und ich möchte sagen der literarischen Reinlichkeit. Und dass Cobet in ersterer Rücksicht nicht auf der höchsten, in letzterer auf einer sehr niedrigen Stufe steht, dies lässt sich leider mit dem besten Willen von der Welt nicht in Abrede stellen. Von jener ängstlichen Gewissenhaftigkeit, die uns gebietet Vorgänger nicht nur zu berücksichtigen, sondern a u f z u s u c h e n, ja eifrigst aufzuspüren, — von jenem strengen Gerechtigkeitssinne, der uns, nachdem wir irgend eine und sei es die kleinste neue Wahrheit gefunden haben, Umschau halten heisst, um zu entdecken, ob nicht irgend Jemand dieselbe vor uns gefunden hat, — von jener Entsagung, die uns nach Abschluss einer mühevollen Untersuchung neue und nicht selten grössere Mühe, Zeit und selbst Kosten daran wenden lässt in den Besitz von Schriften zu gelangen, in denen vielleicht die eine Hälfte unserer vermeintlichen Funde widerlegt und die andere vorweggenommen ist — von all diesen Regungen ist Cobet's Seele offenbar niemals gestreift worden! Ich möchte beileibe nicht allzu streng urtheilen. Allein das mindeste, was man von einem vielseitig thätigen philologischen Kritiker, den die Suche nach Vorgängern manchmal ins Unabsehbare führen und einer erspriesslicheren Thätigkeit entfremden könnte, fordern darf, ist dieses. Er ist es sich und seinen Lesern schuldig, die letzten Bearbeitungen des Schriftstellers, mit dem er sich jedesmal, wenn auch nur gelegentlich, beschäftigt, vor allem das was die Engländer die *standard editions* nennen, zu kennen und zu benützen, und er muss seine Unkenntniss der sonstigen Special-Literatur o f f e n b e k e n n e n und mit guten Gründen rechtfertigen. Thut er dies nicht, so hat er es sich selbst zuzuschreiben — es sei sein Verdienst und seine Bedeutung, welche sie wolle —, wenn ihn alsbald von Seiten härter Urtheilender ein schmählicher Verdacht trifft und wenn schliesslich auch die Wohlwollendsten es müde werden das Neue und Alte, das Eigene und Fremde, das Wahre und Falsche, das er selbst zu einem wüsten Knäuel zusammengeballt hat, geduldig zu entwirren.

Das Wahre und das Falsche, sage ich und damit bin ich zu dem dritten und entscheidenden Punkte meiner Erörterung gelangt. Denn dass des niederländischen Kritikers bisher gerügte Gebrechen, die auch wir längst kannten, jedoch um seiner phänomenalen Vorzüge willen liebreich zu entschuldigen suchten, nunmehr da sie ins Masslose angewachsen sind, von der Schale in den Kern seiner wissenschaftlichen Production zu dringen beginnen und das innerste Mark derselben mit Zerstörung bedrohen, — dies sollte zwar keinen Kenner menschlicher Dinge Wunder nehmen, aber die Verehrer dieses bedeutenden Mannes muss es mit Trauer und Betrübniss erfüllen. Möchte es zur Selbsterkenntniss und Umkehr noch nicht zu spät und möchte dieser Mahnruf kein völlig vergeblicher sein!

Doch es ist Zeit unsere Behauptungen durch Belege zu erhärten. Leider brauchen wir nach denselben nicht weit zu suchen.

Sogleich an der Spitze des ersten der drei Aufsätze — *de nonnullis fragmentis tragicorum* — lesen wir folgendes:

'Pag. 4 Nauckii. Aeschylus [frg. 5]:

τί δῆτ' ἐπ' αὐτοῖς ὄνομα θήσονται βροτοί;

Graece dicitur ὄνομα τίθεσθαί τινι *nomen imponere (indere) alicui, non**) ἐπί τινι. *Quamobrem poëta dixisse videtur:*

τί δή ΠΟΤ' αὐτοῖς ὄνομα θήσονται βροτοί;

Perinde bene in tali re dicitur τί δή, τί δῆτα *et* τί δή ποτε.'

Wie kahl und abweisend doch solch ein *non* klingt! Fast übertäubt es die Stimme der Erinnerung, die uns leise in's Ohr raunt, es gebe im Griechischen eine Phrase ὄνομα ἐπιτιθέναι oder ἐπιτίθεσθαι und desgleichen gebe es eine Erscheinung, die man Tmesis genannt hat. Schon Vater Homer singt (θ, 552):

οὐ μὲν γάρ τις πάμπαν ἀνώνυμός ἐστ' ἀνθρώπων,
οὐ κακὸς οὐδὲ μὲν ἐσθλός, ἐπὴν τὰ πρῶτα γένηται,
ἀλλ' ἐπὶ πᾶσι τίθενται, ἐπεί κε τέκωσι, τοκῆες.

---

*) Wir zeichnen hier und im Folgenden die Worte durch den Druck aus, auf die wir die Aufmerksamkeit des Lesers zu lenken wünschen.

Und Plato schreibt: ἑκατέρῳ τὸ πρέπον τε καὶ ἁρμόττον ἐπιθεὶς ὄνομα (Legg. 816ᶜ), nicht minder Aristoteles: οὗ στοχάζεται ἡ ποίησις ὀνόματα ἐπιτιθεμένη (poet. c. 9, 1451ᵇ 9—10). Mit dieser Aenderung ist es also nichts, und wir brauchen nicht erst zu erwägen, ob τί δή ποτ' an dieser Stelle auch nur passend wäre, ob es nicht vielleicht allzu affectvoll klänge in der einfachen Frage: 'wie werden wohl die Menschen diese Götter' (es sind die sicilischen Paliken gemeint) 'benennen'? Erstaunt sind wir freilich ob dieser ersten Erfahrung, allein wir werden wohl daran thun, mit unserer Fähigkeit des Erstaunens Haus zu halten.*)

Oder kann sie wohl auf eine härtere Probe gestellt werden als durch die folgende Bemerkung zu Eurip. frg. 362, v. 41:

οὐκ οὖν ἅπαντα τοὖν γ' ἐμοὶ σωθήσεται

'in libris est γοῦν τ' ἐμοί. Quod Nauck. reposuit τοὖν γ' ἐμοί nemo Graecorum umquam dixit. Solebant omnes in tali re dicere τοὖπ' ἐμοί, quod Euripidi reddendum' (p. 258). Welcher Nation mag wohl Sophokles angehören, wenn er Oed. Col. 152—53 schreibt:

ἀλλ' οὐ μὰν ἐν γ' ἐμοὶ
προσθήσεις τάσδ' ἀράς

('so viel an mir liegt' Nauck-Schneidewin)? Oder thut es Noth, alle die Stellen hieherzusetzen, welche Dindorf, lex. Soph. p. 166ᵇ unter der Rubrik ἔν τινι gesammelt hat und die zahlreichen Belege, die sich aus Euripides (z. B. Iph. T. 1057), aus Herodot (z. B. 8, 118, 16), aus Plato, (Protag. 313ᵃ) beibringen liessen? Reiske's Besserung (τοὖν), von G. Hermann und Heinrich vervollkommnet, von zahllosen Nachfolgern angenommen, wird auch künftig ihren Platz in den Texten

---

*) Fast ergötzlich ist es übrigens zu sehen, wie rasch die Hyper-Kritik in die kaum verlassenen Geleise der Vulgata zurücklenkt. Man las nämlich vordem den ersten Vers des bei Macrob. Sat. 5, 19, 17 erhaltenen Bruchstückes also: τί δῆθεν αὐτοῖς ὄνομα τίθενται βροτοῖς ; daran ward lange vergeblich herumgebessert, bis endlich Schneidewin den codex Parisinus einsah, dem J. Gronov vorher schon θήσονται entnommen hatte. Gottfr. Herrmann, Wagner, Dindorf, Nauck, sie nahmen alle mit Freuden 'die vortreffliche Lesart' an, von der Schneidewin meinte, sie mache 'allem Zweifel ein Ende' (Rh. Mus. 3, 75). Allem Zweifel, — aber, wie man sieht, nicht aller Zweifelei!

behaupten, da sie paläographisch ebenso leicht als mit dem Sprachgebrauch übereinstimmend ist; Cobet's Observationen aber werden wir in Zukunft eine starke Dosis von Misstrauen entgegenbringen. So lesen wir zu Eurip. frg. 395:

σπουδάζομεν δὲ πόλλ' ὑπ' ἐλπίδων, μάτην
πόνους ἔχοντες, οὐδὲν εἰδότες σαφές

'*Sunt qui σαφές omittant, quod prorsus supervacuum est; et οὐδὲν εἰδότες in tali re dicere solent. Res ipsa docet μάτην in secundo senario locatum fuisse:*

μάτην πόνους ἔχοντες οὐδὲν εἰδότες.

Itaque prior senarius sic est redintegrandus:

σπουδάζομεν δὲ πόλλ' ὑπ' ἐλπίδων (κενῶν).'

Wir kennen dies alles bereits aus den *Variae lectiones*, wo der auch von Nauck *(ed. min.)* und Dindorf angeführte, meines Erachtens monströse, Vorschlag ein wenig eingehender begründet ist. '*Qui hominum ignaras mentes arguunt*' — so heisst es daselbst p. 292 — '*solent eos* οὐδὲν εἰδέναι *significanter dicere, ut Theognis:* ἄνθρωποι δὲ μάταια νομίζομεν εἰδότες οὐδέν, *et passim sic queruntur:* σαφές *aut simile quid nemo addit, neque id Euripidem addidisse ex Theophili* [ad Autolyc. 2, 8, p. 72] *loco manifestum est qui Euripidea afferens* σαφές *omittit.*' Was der Bischof Theophilus für ein Gewährsmann ist, dies mag, wer es noch nicht weiss, aus Diels' lehrreichem Aufsatz 'eine Quelle des Stobäus' (Rh. Mus. 30, 172) entnehmen.*) Fast schäme ich mich dem e i n e n Vers des Theognis [141 Bergk] erst einen anderen entgegenzusetzen, nämlich das allbekannte Wort des Xenophanes:

καὶ τὸ μὲν οὖν σαφὲς οὔτις ἀνὴρ γένετ' οὐδέ τις ἔσται
εἰδὼς ἀμφὶ θεῶν κτἑ.

oder den Ausruf der Jokaste:

τί δ' ἂν φοβοῖτ' ἄνθρωπος, ᾧ τὰ τῆς τύχης
κρατεῖ, πρόνοια δ' ἐστὶν οὐδενὸς σαφής? (Oed. R. 977)

Als ob in solchen Dingen der Sprachgebrauch entschiede; als ob nicht der eine Dichter klagen könnte, 'wir Menschen wissen nichts' und der andere — oder auch derselbe ein andermal — 'wir wissen nichts Sicheres'! Und als ob, w e n n der Sprachgebrauch in Frage käme, es etwas Häufigeres gäbe als

---

*) Vgl. auch unsere 'Beiträge zur Kritik und Erklärung griechischer Schriftsteller' III, 21—22 [581—582].

die Verbindung von σαφής und σαφῶς mit den Verben des Wahrnehmens, Wissens, Erfahrens! Auch liegt der Sinn des Bruchstückes sonnenklar zu Tage. Voran geht der Vers: οὐκ ἔστιν οὐδὲν χωρὶς ἀνθρώποις θεῶν. Wie passend reiht sich daran der Gedanke: unser Handeln wird zum grossen Theil durch **Muthmassungen** bestimmt (ὑπ᾽ ἐλπίδων), die sich einmal bewähren, ein andermal nicht; die unfehlbare **Gewissheit** (τὸ σαφές = τὸ ἀτρεκές) haben sich die Götter vorbehalten. Wer erinnert sich hier nicht der ähnlichen sokratischen Gedanken: unser Wissen ist trügerisch und bedarf der Ergänzung durch göttliche Leitung und Offenbarung? — Jenes '*res ipsa clamat*' endlich kann nur besagen wollen: es fehlt an jedem, auch dem fadenscheinigsten Argument für die betreffende Annahme, denn dass der Vers- und der Sinnesabschnitt immer zusammenfallen müssen, wer könnte solch eine allen Thatsachen zuwiderlaufende Behauptung mit ernster Miene aufstellen oder auch bestreiten? Und hat denn Cobet kein Ohr für den Parallelismus der beiden Glieder:

μάτην πόνους ἔχοντες
οὐδὲν εἰδότες σαφές?

Glaubt man doch den Sprechenden seufzen zu hören, indem er diese kurzen Sätze hervorstösst.

Doch ich erschrecke über die Langathmigkeit meiner Polemik. Wie dankbar bin ich doch unserem Kritiker in anderen Fällen, wo er uns der Mühe überhebt, auch nur das schwächste Scheinargument zu widerlegen. Oder welche Handhabe böte hiefür die nackte Willkür, wie sie uns in dem Machtgebot zu Eurip. frg. 356 entgegentritt:

— οὔτε γὰρ πλοῦτός ποτε
βέβαιος ἄδικος —

'*transponenda haec sunt:*
οὔτε γὰρ πλοῦτός ποτε
ἄδικος βέβαιος.'

Die elegante, der scharfen Hervorhebung des Hauptbegriffes dienende künstlichere Wortstellung wird einfach als entbehrlicher und darum verwerflicher Luxus getilgt. Wozu auch Kuchen, da man doch Haferbrod geniessen kann? — Das Bruchstück:

τὰς οὐσίας γὰρ μᾶλλον ἢ τὰς ἁρπαγὰς
τιμᾶν δίκαιον· οὔτε γὰρ κτέ.

ist übrigens so heillos verderbt, dass jeder Versuch, die ersten anderthalb Verse mit annähernder Wahrscheinlichkeit herzustellen, ein vergeblicher bleiben muss;*) der Gedanke aber kann kaum ein anderer gewesen sein als dieser: 'man muss die Gerechtigkeit höher achten als den Besitz, denn weder hat **unrecht erworbenes Gut** Bestand noch wird der **Gerechte** auf die Dauer von den Göttern verlassen' (Vgl. frg. 364, 11; Electr. 943 f., frg. 254, 3; τἀδ' ἐστὶ γράμματ' ἤν τις εὐσεβῇ θεόν).

Den unnützen Zierrath einer erleseneren Wortstellung verfolgt übrigens unser Kritiker auch anderwärts mit puritanischer Strenge. So heisst es in einem Fragment des Alkmeon (Eurip. frg. 80), offenbar im Hinblick auf das Unheil bringende Geschmeide der Harmonia:

βροτοῖς τὰ μείζω τῶν μέσων τίκτει νόσους·
θεῶν δὲ θνητοὺς κόσμον οὐ πρέπει φέρειν.

Das unerbittliche Verdict lautet: '*inepte turbatus est in his naturalis verborum ordo*' und es wird uns nur die Wahl gelassen zwischen der Anordnung: θεῶν δὲ κόσμον οὐ πρέπει θνητούς — oder θεῶν δὲ κόσμον θνητὸν οὐ πρέπει —. Wollte der Dichter hierauf erwidern, dass der Widerspruch zwischen der Natur der Götter und jener der Menschen dann am grellsten hervortritt, wenn der eine der beiden contrastirenden Begriffe dem anderen auf die Fersen tritt (vgl. z. B. Medea 1115: θνητοῖσι θεοὺς ἐπιβάλλειν) und dass die Unvereinbarkeit göttlichen Besitzthums mit dem was Menschen frommt, das Unziemliche menschlicher Anmassung gar nicht besser versinnlicht werden kann, als wenn die 'Sterblichen' sich zwischen die 'Götter' und den ihnen gehörigen 'Schmuck' gleichsam mitten hineindrängen — es würde ihm wenig fruchten. Er würde von dem kritischen Tribunal mit seiner Beschwerde unnachsichtlich abgewiesen und wohl noch in die Kosten verurtheilt.

---

*) Euripides könnte beispielsweise geschrieben haben:
τὸ γὰρ δίκαιον μᾶλλον ἢ τὰς οὐσίας
ὅσια προτιμᾶν —.

Doch soll ich in dieser Weise fortfahren, Blümchen am Wiesenrain zu pflücken? Schwerlich würde der Leser an die strenge Billigkeit der von mir getroffenen Auswahl glauben, während ich schier an der Möglichkeit verzweifle, dem Grundgesetz aller wirksamen, um nicht zu sagen künstlerischen Darstellung, einer stetig fortschreitenden Steigerung, zu genügen. Vielleicht empfiehlt es sich daher, wenn ich mich fortan Cobet's Darlegung in der Art eines kritischen Glossators ängstlich anschmiege und dieselbe ohne Auslassung und ohne Abschweifung auf ihren Wegen treulich begleite. Wie weit, — das wird von den Geduldproben abhängen, die uns zugemuthet werden.

Von dem in so wenig erfreulicher Art behandelten Bruchstück der Αἰγυπτίαι des Aeschylus (s. oben S. 6) leitet die Bemerkung über den angeblich gleichwerthigen Gebrauch von τί δή, τί δῆτα, τί δήποτε unseren Kritiker zu Sophokl. frg. 103 hinüber:

τίς δήποτ' ὄλβον ἢ μέγαν θείη βροτῶν
ἢ σμικρόν ἢ τόν μηδαμοῦ τιμώμενον;
οὐ γάρ ποτ' αὐτῶν οὐδὲν ἐν ταὐτῷ μένει.

'sed in his manifestum est ἄν necessarium periisse. Itaque sic corrigendum est:

τίς δήποτ' ὄλβον ἢ ΜΕΓ' ἈΝ θείη βροτῶν
ἢ σμικρόν ἢ ΤΩΝ μηδαμοῦ τιμωμένΩΝ;

id est ἢ μέγα ἢ σμικρόν ἢ οὐδενὸς ἄξιον.'

Mag diese Aenderung auch noch so unzureichend begründet, mag sie selbst nichts weniger als stichhältig sein, jedenfalls haben Kritik und Interpretation über diese Verse noch nicht ihr letztes Wort gesprochen. Nicht weil ἄν nicht fehlen dürfte (darüber weiter unten ein Mehreres), sondern weil τίς θείη im Sinn von *quis existimaret* das substantivirte Neutrum des Prädicats erheischen würde ('wer kann das Glück für etwas Grosses halten?'), darum erscheint die veränderte Wortabtheilung im ersten und die gelinde Aenderung im zweiten Verse beim ersten Anblick wenigstens überaus bestechend. Allein wenn das halbe Nachdenken uns von der Ueberlieferung entfernt, so leitet das ganze (wie so häufig) wieder zu ihr zurück. Denn der dritte Vers ('nichts Menschliches hat Bestand' — vgl. Herod. I, 5 und was die Erklärer daselbst anführen) und desgleichen der zweite, sogar in Cobet's veränderter Fassung, lehren unwidersprechlich, dass nicht die Werthschätzung, sondern die Existenz von Menschen-Glück und Unglück hier in Frage kommt. 'Man kann' — dies scheint mir der unverkennbare Sinn des Bruchstückes — 'Niemanden sehr glücklich, minder glücklich oder auch unglücklich nennen, man kann von Glück und Unglück als dauernden Zuständen gar nicht reden, da alles Menschliche in fortwährendem, rastlosem Wechsel begriffen ist.' Aehnlich hat, wie ich nachträglich mit Freuden sehe, Meineke (zum Floril. 105, 42) die Verse verstanden: '*neque magnam, neque exiguam, neque nullam fortunam in ullo numero habendam esse dicit Sophocles;* θεῖναι *enim est numerare, in rationes referre*', vielleicht besser *statuere, ponere* (vgl. z. B. Plato Phaedo 79ᵈ, 100ᵃ; Resp. 458ᵇ u. s. w.). Cobet's Aenderung erscheint mir daher bei reiflicher Ueberlegung um nichts annehmbarer als Heath's ungenügende Conjectur ἤτοι statt ἢ τόν oder Wagner's unmotivirte Annahme einer Lücke nach V. 2 oder endlich selbst Meineke's Vorschlag τίς δή ποτ' in τίς ἂν ποτ' zu verändern.*) Zum Gedanken vergleiche man Soph. frg. 532—33 und 786:

ἀλλ' οὑμὸς ἀεὶ πότμος ἐν πυκνῷ θεοῦ
τροχῷ κυκλεῖται καὶ μεταλλάσσει φύσιν
ὥσπερ σελήνης [δ'] ὄψις εὐφρόνας δύο
στῆναι δύναιτ' ἂν οὔποτ' ἐν μορφῇ μιᾷ κτέ.

---

*) So lange nämlich die Kritik zu Stellen wie Soph. Antig. 604—5: τίς τάν, Ζεῦ, δύνασιν τίς ἀνδρῶν ὑπερβασία κατάσχοι; oder Aesch. Choeph. 594 ἀλλ' ὑπέρτολμον ἀνδρὸς φρόνημα τίς λέγοι; nur die ein wenig schulmeisterliche Bemerkung zu machen weiss: '*optativi postulant* ἂν *particulam*' u. dgl. m., ohne dass in den Stellen selbst irgend ein Indicium von Verderbniss zu erkennen wäre, wird man wohl mit Krüger (II, 2³, 54, 3, 8) dafür halten dürfen, dass 'der blosse Optativ an mehreren Stellen der Dramatiker in Fragen nicht anzutasten' ist. Und nur solch eine zwingende Nothwendigkeit könnte es rechtfertigen, eine so häufige und dem Zusammenhang so wohl entsprechende Wortverbindung wie τίς δή ποτ'' mit conjecturalen Aenderungen heimzusuchen.

(Ich halte nämlich die Tilgung eines Buchstabens in V. 3 für minder gewagt als die Annahme, dass dem durch sechs Worte ausgesponnenen und mit den Worten πάλιν διαφορεῖ κἀπὶ μηδέν ἔρχεται zu einem voll ausklingenden Abschluss gelangenden Gleichniss noch ein Nachsatz gefolgt sei.)

Wir kehren mit Cobet zu Aeschylus (frg. 20) zurück:

3)*)   ποῦ δ' ἐστὶν Ἀργοῦς ἱερόν, αὔδασον, ξύλον;
'*Mendosum est* αὔδασον *et forma vitiosum et inepte interpositum. Poëta dixerat:*

Ἀργοῦς ἱρὸν αὐδΑΕΝ ξύλον;'

Ob die Wortform, die man (von der Chorpartie Oed. Col. 204 abgesehen) in der lyrischen Hexapodie Eurip. Phoen. 124 (Nauck) bisher geduldet und welche Dindorf (Thes. VI, p. 1500) zu rechtfertigen versucht hat, oder auch die Wortstellung uns zu der Aenderung berechtigen würde, mag unerörtert bleiben; dieselbe wird durch den Zusammenhang, in dem der Vers bei Philo (II, 468) erscheint, unbedingt erfordert: οὐδ' ἡ Ἀργὼ ναυαργοῦντος Ἰάσονος ἐπέτρεπεν ἐπιβαίνειν οἰκέταις μεμολυσμένη καὶ ψυχῆς καὶ λογισμοῦ, ῥύσις οὖσα φιλελεύθερος, ὅθεν καὶ Αἰσχύλος ἐπ' αὐτῆς εἶπε κτέ. Und eine glänzende Bestätigung bieten die von Nauck als frg. 21 aufgeführten Stellen des Apollod. bibl. I, 9, 16 und Hyginus Poët. astron. 2, 37, p. 490, wozu noch das von Cobet herbeigezogene Scholion zu Apollon. Argon. I, 524 kommt: πιθανῶς ἐκ τῆς Δωδωνίδος φησὶ δρυός τὸ ξύλον εἶναι ἐν τῇ Ἀργοῖ τὸ φωνῆεν ἐπεὶ καὶ αὐτὴ ἐφθέγγετο. Die treffliche Besserung ist übrigens nicht völlig neu; Dindorf hat sie im lexicon Aeschyleum s. v. αὐδήεις verzeichnet: 'ποῦ δ' ἐστὶν Ἀργοῦς ἱρὸν αὐδῆεν ξύλον; *Sic Bergkius correxit.*'

4)   Aeschyl. frg. 193, 6:

ἰδὼν δ' ἀμηχανοῦντά σε Ζεὺς οἰκτερεῖ
'*nihil prodest quod Meineke pro* σ' ὁ Ζεὺς *reposuit* σε Ζεύς, *metrum enim in utraque scriptura perinde violatur. Suspicor scripsisse poëtam, ut ad Strabonem annotavi:*

ἰδὼν δ' ἀμηχανοῦντά σ' οἰκτερεῖ ΠΑΤΗΡ
adscripsit ad πατήρ *nescio quis ὁ Ζεύς et sic vulgata lectio nata est.*'

---

*) Ich erlaube mir, Cobet's Bemerkungen im Folgenden mit Nummern zu versehen.

Wenn eine Behauptung durch häufige Wiederholung an Werth gewänne, so müsste dieser im Laufe von zwei Jahren nun schon zum dritten Male veröffentlichte Vorschlag (s. o. S. 3) den denkbar höchsten Grad von Gediegenheit besitzen. Sehen wir zu, wie es sich in Wirklichkeit verhält. In der Mnemos. IV, 98 und in den Miscell. crit. p. 123 lesen wir fast genau dieselben Worte wie hier, nur über die vermeintliche Verletzung metrischer Gesetze auch durch die von Meineke angenommene Fassung des Verses äussert sich Cobet dort eines weiteren in dem orakelhaften Satze: 'similiter contra certam legem metricam a Porsono indagatam in quinto pede spondeus est.' Ist es möglich, sich incorrecter auszudrücken? Und der Schluss von Lockerheit des Ausdrucks auf Ungenauigkeit des Denkens würde sich auch diesmal als kein Fehlschluss erweisen. Der Leydner Professor weiss so gut wie wir, was der (in der Vorrede zur Hecuba dargelegte) Porson'sche Kanon in Wahrheit besagen will. Wäre ihm jedoch die Mühe nicht zu gross gewesen, sich dessen was er weiss auch deutlich zu erinnern, er hätte den Unterschied zwischen der überlieferten Schreibung und derjenigen Meineke's schwerlich verkannt. Weil der Artikel mit seinem Nomen so eng zusammenhängt, dass die beiden gleichsam zu einem Worte verschmelzen, ὁ Ζεύς mithin ein *quasi-hypermonosyllabon* ist, nur darum konnte man an der Lesart der Handschriften (des Strabo IV, 183) einen Anstoss nehmen, welchen Meineke's Aenderung vollständig beseitigt. Ob jener Anstoss begründet und ob es statthaft ist, auch nur so weit zu gehen als Meineke gehen will, dies werden manche Kritiker bezweifeln; *)

---

*) So wird dies von Jedermann geleugnet werden, der die von Wecklein statuirte zweite Ausnahme von Porson's Kanon (Studien zu Aeschylus 131) als endgiltig erwiesen erachtet: 'Die lange Thesis des fünften Fusses, gebildet durch die letzte Silbe eines mehrsilbigen Wortes, verursacht keine Härte, wenn die Hauptcäsur in den vierten Fuss fällt'. Ich selbst hege gegen den Satz, so allgemein ausgesprochen, manche Bedenken. Einmal lässt sich in einer nicht eben kleinen Zahl der von Wecklein zusammengestellten Fälle die Abweichung von jener Norm anders erklären, zumeist durch das schon von Porson selbst hervorgehobene Vorkommen quasi-enklitischer Worte in der Arsis des fünften Fusses (*vocum non encliticarum sed quas sententiam aut versum inchoare nequeant*' l. l. p. XXXII). Dann aber erscheint bei nicht wenigen der übrig bleibenden Stellen eine Aenderung entweder als

dass nicht der Schatten eines Grundes vorliegt, weiter zu gehen, darüber kann unter den Stimmfähigen (Cobet selbst inbegriffen, wenn er nicht gerade vom *furor corrigendi* ergriffen ist) keine Meinungsverschiedenheit bestehen.

5) 'Aeschyli fragm. 289.
Πᾶσα γὰρ Τροία δέδορκεν Ἕκτορος τύχης δίκη.
nulla his verbis subjecta est sententia. Nondum poenitet veteris conjecturae pro δέδορκεν *et* τύχης *emendari oportere* δέδοικεν *et* ψυχῆς, *id est* Ἕκτορος φοβουμένου πᾶσα ἡ Τροία εἰς φόβον καθίσταται.'

Alle Fragmenten-Kritik birgt eine eigenthümliche Gefahr in sich. Man ist unwillkürlich geneigt, die jedesmal zufällig erhaltenen Worte als ein Ganzes anzusehen und von ihnen einen abgeschlossenen Gedanken zu heischen. Nur diese fragmentarische Art der Kritik hat, denke ich, hier — wo nicht einmal ein Sentenzen-Sammler unser Gewährsmann ist,

---

nothwendig (Eur. Ion 1, Phoen. 747, Hec. 729) oder sie wird durch die Paraphrase der Scholiasten nahe gelegt (Eur. Androm. 346) oder sie lässt sich, wenn nicht durch eine Umstellung (Eur. Heracl. 640), so durch andere Mittel der gelindesten Art und zum Vortheil des Ausdruckes bewirken (Iph. T. 580; Eur. frg. 497), oder endlich die betreffenden Verse erregen gegründeten Verdacht (Eur. Alc. 671, Hercul. 1338). Von den Versen insbesondere, in denen οὐδείς oder οὐδέν dem schliessenden Creticus vorangeht, fällt wohl nur Oed. Col. 1022 unter keine dieser Rubriken und hier wird die Wirkung der Hephthemimeres (ein gewichtiger Factor, aber schwerlich ein allein zureichender!) doppelt verstärkt, durch die mit ihr zusammenfallende Interpunction und durch die enge Zusammengehörigkeit der Worte οὐδὲν δεῖ. Die Mitwirkung der Interpunction ist — gleichwie in der Mehrzahl der Fälle, in denen wirkliche Enklitiken jene Arsis bilden — wohl zu beachten Aesch. Prom. 107, 820; Eur. Heracl. 303, Hel. 1552, Iph. T. 678, endlich Soph. Trach. 718, 932; Oed. Col. 1543 (ähnlich wie 1022); ob auch nur 664 oder Phil. 22 anzutasten sei, darf mit Rücksicht auf den minder strengen Versbau der spätesten Dramen als fraglich gelten; in beiden Fällen wird der Anstoss durch die Cäsur und die Unmöglichkeit am Versende inne zu halten, Phil. 22 überdies durch die Elision gemildert. An so bescheidener Stelle darf vielleicht auch eine nicht streng erweisbare Vermuthung Raum finden; Iph. A. 530 habe ich ohne jede Rücksicht auf jene metrische Norm, blos um die gegenwärtige sinnwidrige Zerstückelung der Rede zu beseitigen, längst vermuthet: — κἀπ' ἀναίνομαι | Ἀρτέμιδι θύσειν. Sollte dies richtig befunden werden, so bliebe (da der Vers des Cyclops [303] eine Sonderstellung einnimmt) als *caput mortuum* der Untersuchung nur Heracl. 529 übrig, wo ich Wecklein's Rechtfertigung nicht wohl zu verstehen bekenne.

sondern ein Grammatiker, der die Form διαί mit Beispielen belegen will — die Annahme einer Verderbniss erzeugen können. Konnte denn nicht Aeschylus etwa also geschrieben haben:

(εἰς σὲ) πᾶσα γὰρ
Τροία δέδορκεν Ἕκτορος τύχης διαί

(vgl. Eur. Hercul. 228: — πρὸς δ' ἔμ' ἀσθενῆ φίλον | δεδόρκατ' —), oder auch: πᾶσα γὰρ Τροία δέδορκεν Ἕκτορος τύχης διαί 'dass Ilions Geschick besiegelt ist' oder 'dass die Götter seine Sache verlassen haben' u. s. w.?

Die Conjectur δέδοικεν, die auch Dindorf vorbringt, leidet zum mindesten nicht an innerer Unwahrscheinlichkeit; die Vermuthung ψυχῆς hingegen setzt nicht nur einen Fehler des Abschreibers, sondern überdies einen Irrthum des Grammatikers voraus, der die Worte durch ἕνεκα Ἕκτορος erklärt hat (Cramer, Anecd. Oxon. I, 119, 12); und ist es denn so viel wahrscheinlicher, dass der Dichter von der Furcht des unerschrockenen Helden, als dass er von seinem Untergang gesprochen hat, dem Wendepunkt in Troja's Schicksal? (Vgl. Eur. Troad. 1162: ὅθ' Ἕκτορος μὲν εὐτυχοῦντος εἰς δόρυ —)

6) 'Aeschylus fragm. 374
ἐναγώνιε Μαίας καὶ Διὸς Ἑρμᾶ
in his vocabulum unum periit et supervacuum est alterum. Restitue sic numeros anapaesticos:
ἐναγώνιε (ΠΑΙ) Μαίας καὶ Διός
et expunge Ἑρμᾶ.'

Als Pelias in den Zauberkessel geworfen ward, aus dem er mit erneuter Kraft hervorgehen sollte, da war der Unselige zum mindesten alt und gebrechlich; die Anapästen hingegen, deren Glieder unser Zauberkünstler zerstückt, während er ihnen 'Wiederherstellung' verheisst, prangen in üppigster Lebensfülle. Die 'numeri anapaestici', die wir 'restituiren' sollen, sie sind vorhanden, und ihre untadlige Wohlgestalt spottet jeder aufdringlichen Heilbemühung! Denn was hindert uns, die Worte (da eine Pentapodie nur ganz vereinzelt, eine katalektische gar nicht vorzukommen scheint) also abzutheilen:

Ἐναγώνιε Μαίας
καὶ Διὸς Ἑρμᾶ ⌣ ?

Nicht nur hindert uns nichts, sondern alles ermuntert uns dazu: das Vorkommen solcher Reihen von katalektischen Tripodien bei Aeschylus selbst (Pers. 949 f. und 962 f.), ihre Verwendung zur Anrufung von Göttern (Eur. Iph. T. 126 f. ὦ παῖ τῆς Λατοῦς Δίκτυνν' οὐρεία κτἑ.) und ihr wahrscheinlicher Ursprung aus den uralten Päanen des Apollo (Christ, Metrik §. 301).

Wie Cobet auch dies verkennen konnte? Es lässt sich nur psychologisch erklären. Er ist ungeduldig und er ist ein warmer Freund alles — Gewöhnlichen, in Gedanken und Ausdruck, in Versmass und Rhythmus. Sobald er daher den anapästischen Tact vernimmt, erwartet er sofort der alltäglichsten Form dieses Versmasses, dem Dimeter zu begegnen. **Und er sieht mit den Augen der Erwartung.** Da die Wirklichkeit nicht seiner Annahme entspricht, so muss nicht die Annahme weichen, sondern die Wirklichkeit!

7) 'Sophocles fragm. 14

τί σοι ὁ Ἀπόλλων τεθρίακεν;

perinfelix est Meinekii coniectura τεθρίακεν *pro scriptura librorum* κεκιθάρικεν. *Interpretatur Suidas* [und desgleichen die Parömiographen] ἀντὶ τοῦ τί σοι ἐμαντεύσατο· *Nihil horum est Sophocl. dignum* οὐδ᾽ ἐγγύς. *A poëta profectum suspicor:*

τί δῆθ᾽ ὁ Φοῖβος ΈΛΑΚΕΝ;

quod Aristophanes in Pluti initio παρῳδεῖ.'

Das heisst doch entschieden der Ueberlieferung zu viel oder zu wenig vertrauen! Glaubte ich mich berechtigt so weit zu gehen, ich hielte mich nicht für berechtigt hier stille zu stehen. Oder welche Gewähr besässen wir für die Richtigkeit der zwei Anfangs- und der vier Endbuchstaben, wenn der Rest der überlieferten Schreibung gleich nichts zu achten wäre? Dass die Scholien zu jenem aristophanischen Verse (Plut. 39) auf Euripides als das Urbild der Parodie verweisen, mag nicht allzu viel bedeuten. Entscheidend ist, dass das Bruchstück sich durch Anwendung sehr gelinder Heilmittel und unter Anlehnung an zwei Glossen des Hesychius (ἐντεθρ[ι]ίωκεν und ἐνθρίακτος· ἐνθουσιῶν... Σοφοκλῆς Σίνωνι, frg. 499) in befriedigender Weise herstellen lässt, wie Nauck, wenngleich mit bescheidenem Zweifel, angedeutet hat:

τί σοι δ' Ἀπόλλων ἐντεθηρίακεν ⏑ ⏖ :

Auch Dindorf hat diese Herstellung, gewiss mit vollstem Recht, gebilligt.

8) Zu Soph. frg. 83

δοκῶ μὲν οὐδείς· ἀλλ' ὅρα μὴ κρεῖσσον ᾖ
καὶ δυσσεβοῦντα τῶν ἐναντίων κρατεῖν
ἢ δοῦλον αὐτὸν ὄντα τῶν πέλας κλύειν

weist Cobet von neuem (vgl. Mnemos. 9, 90, daraus auch bei Dindorf) darauf hin, dass der dritte Vers in der überlieferten Fassung sinnlos sei, denn τῶν πέλας κλύειν sei soviel als δουλεύειν. 'Oppositio affert lucem et ostendit rerum esse:

ἢ (τοὺς θεοὺς σέβ)οντα τῶν πέλας κλύειν.'

Der Hauptsache nach sicherlich richtig. Die Aufdeckung dieser Verderbniss ist ein Verdienst, an dem zu mäkeln uns nicht entfernt in den Sinn kommt. Doch scheint uns die Heilung des Uebels bei weitem nicht so wohl geglückt, wie seine Erkenntniss. Ist es denn räthlich, von der 'Lückentheorie' einen so umfassenden Gebrauch zu machen und müssen wir einem Sophokles das Gewand seiner Rede so knapp und kärglich zumessen? Wie, wenn der Dichter geschrieben hätte:

ἢ θεοῦ νόμους σώζοντα τῶν πέλας κλύειν;

wobei sich auch ein paläographischer Anlass der Corruptel ergäbe (ΘΟΥΝΟΜ) und man zwischen den Zeilen lesen würde: besser ist es, wir verderben das Gesetz und retten unsere Freiheit, als umgekehrt*) (vgl. Aj. 1130: ἐγὼ γὰρ ἂν ψέξαιμι δαιμόνων νόμους; 1343 οὐ γάρ τι τοῦτον, ἀλλὰ τοὺς θεῶν νόμους, φθείροις ἄν. Ant. 1113: δέδοικα γὰρ μὴ τοὺς καθεστῶτας νόμους, ἄριστον ᾖ σώζοντα τὸν βίον τελεῖν)? Die Anfangsworte δοκῶ μὲν οὐδείς könnten die Frage beantworten: glaubst du wohl, dass irgend eine menschliche oder göttliche Satzung (νόμος oder θεσμός) so zu handeln gestattet?

---

*) Man denke an Shakespeare's:
    Vernichten wir den Eid, um uns zu retten;
    Sonst retten wir den Eid, vernichten uns.

9) 'Sophocles frg. 85 *si verba inter duos interlocutores diviseris scripturam codicum sanissimam esse intelliges:*

ὁ δὴ νόθος τοῖς γνησίοις ἴσον σθένει;

respondet alter:

ἅπαν τὸ χρηστὸν γνησίαν ἔχει φύσιν.'

Hier hält es schwer eine Aufwallung herben Unmuths zu bemeistern. Denn so viel Worte, so viel Flüchtigkeiten! Die Vertheilung der Verse unter zwei Gesprächspersonen rührt von Nauck her und Cobet hätte dies in der *adnot. crit.* der von ihm benützten Ausgabe lesen müssen, wenn er nicht — wie wir zu seiner Ehre annehmen wollen — der achtloseste aller Leser wäre. Auch ist es nicht wahr, dass seine Fassung mit der handschriftlichen Ueberlieferung durchweg übereinstimmt, denn auch der mit einem Mal so hochconservative Leydner Gelehrte musste δή schreiben, wo die Handschriften übereinstimmend δ' εἰ bieten, was gleichfalls bei Nauck zu lesen ist. Warum aber der letztgenannte, sonst nicht eben tollkühne Kritiker hier in der That noch um einen Schritt weiter geht und auch ὁ in οὐ verwandelt, während er der Lesart der Parisini*) (des Stobäus, flor. 77, 9) τις τοῖς sein τις entnimmt und schreibt: οὐ δὴ νόθος τις —, davon hat Cobet — und dies ist wieder seine Schuld — keine Ahnung! Der daselbst durch Verweis auf die *Observationes criticae (de trag. graec. fragm.)* angedeutete, dort (p. 15) in erschöpfender und wohl auch entscheidender Erörterung dargelegte Grund ist einfach der, dass die Tragiker es vermieden haben, einen rhythmisch so schlecht gebauten Trimeter zu bilden, wie ὁ δ' εἰ νόθος | τοῖς γνησίοις | ἴσον σθένει **). Wenn es um einen

---

*) Ob man denselben nicht auch den Optativ σθένοι entnehmen dürfte, diese Frage möchte ich nur anregen, ohne sie entscheiden zu wollen, am wenigsten so lange man über die Lesarten des Codex Mendozae nicht genau unterrichtet ist.

**) Sophokles wenigstens ist selbst im melischen Trimeter von der Strenge dieser Regel nicht abgewichen, und die einzige Ausnahme, welche R. Röding in seiner fleissigen Abhandlung *(de Graecorum trimetris jambicis caesura penthemimeri et hephthemimeri carentibus,* Upsala 1874 p. 14) kennt (O ed. Col. 372), ist nur eine scheinbare, nicht weil τοῖς ἄθλοις getrennt zu schreiben ist (wie Nauck gewiss mit Recht will, was aber doch nicht hindert

gelegentlichen Einblick in die verschlungenen Wege jener, zumeist unterirdischen, mühevollen Arbeit zu thun ist, welche der echte Kritiker nicht scheut, so oft es gilt auch nur 'ein wenig Gold' zu Tage zu fördern, der lese jene Untersuchung und vergleiche damit — doch auch 'Vergleiche sind gehässig'.

10) Das Lob des Reichthums in den Aleaden des Sophokles (frg. 86 — Stob. flor. 91, 27) gehört zu den verderbtesten Bruchstücken unseres Dichters. In dem letzten der drei Anfangsverse:

τὰ χρήματ' ἀνθρώποισιν εὑρίσκει φίλους,
αὖθις δὲ τιμάς, εἶτα τῆς ὑπερτάτης
τυραννίδος θακοῦσιν . . . . . ἕδραν

erhält das Schlusswort in verschiedenen Handschriften ein verschiedenes Epitheton: αἰσχίστην, ἀγχίστην, ἡδίστην, wozu noch Gaisford's Vermuthung ἐχθίστην tritt. Nun bemerkt Cobet gewiss mit Recht, dass αἰσχίστην dem Zusammenhang widerstrebe. '"Pecunia" inquit "parit amicos, parit honores", itaque addere non potuit "et turpissimam dominationem."' *) Er entscheidet sich für ἀγχίστην und will dies so verstanden wissen, dass die Reichen 'qui plurimum apud regem gratia pollebant' den nächsten Platz neben der ὑπερτάτη τυραννίς einnehmen. Sehr richtig, wenn wir unter dem *rex* einen Erbmonarchen verstehen; allein die Tragiker pflegen in derartigen Betrachtungen die Verhältnisse ihrer eigenen Zeit im Auge zu haben, und da konnte der Reichthum nicht nur zu den Vorstufen der Macht gelangen, sondern auch ihre oberste Staffel erklimmen. Diese Erwägung war es wohl, welche Dindorf, Hense (lect. stob. p. 47) und wie es scheint

---

dass die zwei Worte rhythmisch für eines gelten), sondern weil der Artikel dort wie hier von seinem Nomen nicht zu trennen ist. Somit nimmt zwar ein Wort die zweite Dipodie ein, greift aber über dieselbe hinaus, was den Anstoss erheblich mildert (vgl. Aesch. Pers. 501). Bei alledem bleibt jener Vers: εἰσῆλθε τοῖν τρὶς ἀθλίοιν ἔρις κακή, einer der unschönsten, die uns von Sophokles erhalten sind.

*) Es sollte mich höchlich Wunder nehmen, wenn diese naheliegende Erwägung Nauck entgangen wäre. Derselbe pflegt eben in Fällen, wo er eine Verderbniss erkannt, nicht aber deren sichere Heilung gefunden hat, die handschriftlich bestbezeugte Lesart vorläufig im Texte zu belassen. Dieses so wohlberechtigte Verfahren hat Cobet mehrfach verkannt.

auch Meineke (ad Stob. flor. 91, 27) die Lesart des Paris. B bevorzugen liess. Auch ich halte dies für den Gedanken des Dichters, bezweifle jedoch, dass das Ursprüngliche schon gefunden und jene Lesart mehr als eine Conjectur ist, wie diese Handschrift deren manche bietet.

11) 'Sophocles fragm. 105
εἴθ' εὖ φρονήσαντ' εἰσιδοιμί πως φρενῶν
ἐπήβολον καλῶν σε.

in his εὖ φρονήσαντ' est nescio cujus interpretatio verborum φρενῶν ἐπήβολον καλῶν et Sophocles dixerat:
εἴθ' εἰσιδοιμί πως φρενῶν ἐπήβολον
καλῶν σε.'

Es gibt in unserer Literatur eine 'Aesthetik des Hässlichen.' In gleicher Weise scheint auch Cobet Materialien zu einer Lehre von der Dysrhythmie des Trimeters zu sammeln und sie gelegentlich aus eigener Machtvollkommenheit um ein Erkleckliches zu vermehren. Wir begegneten erst kürzlich einem Vers, dessen zweite Dipodie gegen die Vorschrift der Metriker aus einem Wort (im rhythmischen Sinne) bestand; das Kuckuks-Ei, welches hier dem Dichter mit den Honiglippen ins Nest gelegt wird, versinnlicht ein anderes Gebrechen des Versbaues, die Theilung des Trimeters in zwei gleiche Hälften.*) Die Enklitika πως hindert die Penthemimeres zur Geltung zu kommen; so entsteht ein Vers, wie er unrhythmischer kaum gedacht werden kann.

Dass eine kritische Operation hier Noth thut, ist freilich unwidersprechlich, und Nauck's zweifelnd vorgebrachtes φρενώσαντ' genügt mir so wenig, als es seinem Urheber genügt hat. Denn wäre auch der Gedanke ansprechend genug: 'nachdem du Andere zurechtgewiesen hast, mögest du nun selbst der Einsicht theilhaft werden', so müsste doch dieser Gegensatz ('du selbst' und 'Andere') voll herausgearbeitet sein (etwa wie Antig. 754: κλαίων φρενώσεις, ὧν φρενῶν αὐτὸς

---
*) Die vielen scheinbaren und die wenigen wirklichen Ausnahmen von dieser Regel verzeichnet Röding l. l. §. 3; man vgl. auch Alb. Schmidt, de caesura media in Graecorum trimetro jambico, der Ed. Preuss und seiner Vorliebe für die 'caesura media' gegenüber (de senarii graeci caesuris) meines Erachtens in allem Wesentlichen Recht behält.

κενός) und greifbar in die Erscheinung treten. Cobet's *'nescio quis'* hingegen, der es nöthig gefunden haben soll, die Worte φρενῶν ἐπίβολον καλῶν durch εὖ φρονήσας (warum wählte er doch das Particip des Aorist?) zu glossiren, erscheint mir auch an sich als ein Wesen von äusserst problematischer Realität. Desgleichen werden wir uns wohl vorsehen müssen, den reichen Faltenwurf sophokleischer Grandiloquenz durch die Ausscheidung solcher vermeintlicher Zusätze nicht bis zur Kümmerlichkeit zu beschneiden. Was wäre denn dagegen zu erinnern, wenn eine Reihe von Ermahnungen, welche der Vater dem Sohn oder der Freund dem Freunde ertheilt, zunächst ein vielsagendes, vollwichtiges Wort eröffnete ('mögest du gesunden Sinnes sein'), gleichsam als der Gedankenkeim, aus dem alles Folgende hervorschiesst und worin es beschlossen ist. Also:

εἴθ᾽ εὖ φρονήσαις· εἰσιδοιμί πως φρενῶν
ἐπίβολον καλῶν σε (καὶ δραστηρίων)
. . . .

wie man beispielsweise ergänzen mag, ohne der weiteren möglichst reichhaltigen Darlegung dieser guten Wünsche irgend vorzugreifen.

12)   'Sophocles fragm. 122

νόμος γάρ ἐστι βαρβάροις θυηπολεῖν
βρότειον ἀρχῆθεν γένος *) τῷ Κρόνῳ.

Codex Hesychii τοῖς βαρβάροις. *Transpositis verbis scribendum:*

νόμος γάρ ἐστι τοῖσι βαρβάροις Κρόνῳ
θυηπολεῖν βρότειον ἀρχῆθεν γένος.'

Eben diese Umstellung haben schon Daniel Heinsius und Joseph Scaliger vorgenommen, was neuere Herausgeber treulich berichten. Wenn aber die Vermuthung nicht neu ist, so ist sie darum doch keineswegs sicher begründet. Unser Bruchstück stammt nämlich aus Hesychius, der s. v. Κούριον (was man zu κουρεῖον verbessert hat) folgendes bietet: Σοφοκλῆς Ἀνδρομέδᾳ· ἡμίουτόν (sic) κόριον (sic) ᾑρέθη πόλει· νόμος γάρ ἐστι τοῖς βαρβάροις θυηπολεῖν βρότειον ἀρχῆθεν

---

*) Bei Nauck steht γέρος, was Cobet wohl einfach übersehen hat; γένος ist eine Conjectur Scaliger's, die gewiss ebenso verfehlt ist wie Buttmann's γέρας; *'latet aliud quid'* meint Nauck, dem M. Schmidt sicherlich mit Recht beistimmt.

γερος (sic) τῷ Κρόνῳ. Darin darf man unbedenklich zwei Verse erkennen; ob auch einen dritten, dies muss als fraglich gelten, da die an seine Herstellung gewandten Kosten (eine Transposition, die Tilgung eines Artikels, die Formveränderung eines anderen) jedenfalls recht kärglich belohnt werden durch den also gewonnenen, ziemlich prosaisch klingenden Vers νόμος γὰρ ἐστι τοῖσι βαρβάροις Κρόνῳ. Darauf hat mich ein Wink des letzten Herausgebers des Hesychius geführt, der zugleich der Bearbeiter der Ueberreste des Didymus ist und in dessen Munde mithin die Bemerkung '*Didymus enim, cujus hic est articulus, solebat solutae orationi versus immiscere*' doppelt beachtenswerth erscheint. — Man hat längst erkannt, dass die dem Seeungeheuer preisgegebene Andromeda selbst es ist, die hier als ein 'Schlachtopfer' (κουρεῖον) bezeichnet wird. Somit möchte ich die ganze Stelle also zu ordnen versuchen:

ἤδ᾿ αἶσιον *) κουρεῖον ᾑρέθη πόλει· νόμος γὰρ ἐστι τοῖς βαρβάροις 'θυη-πολεῖν βρότειον ἀρχῆθεν θέρος·' [vgl. Eur. Bacch. 1026 u. 1315 N.] τῷ Κρόνῳ.

13) Zu Sophocl. frg. 216 tritt uns Cobet in der ungewohnten Rolle eines Vorkämpfers für Eurhythmie entgegen. Die Worte ἀπώλεσέν τε καὐτὸς ἐξαπώλετο erinnern ihn nämlich an Philoktet V. 1369:

ἐκ κακοὺς αὐτοὺς ἀπόλλυσθαι κακούς,

dessen unrhythmischer Bau ihm auffällt und an dessen Stelle wir schreiben sollen:

ἐκ κακοὺς τούσδ᾿ ἐξαπόλλυσθαι κακούς.

Es ist dies eine Art von Kritik, die hoffentlich unseren Enkeln so fremd sein wird wie irgend ein erloschenes Pflanzen- oder Thiergeschlecht. Mit einer Textesänderung, die nicht durch Forderungen des Gedankens, der Sprache oder des Versmasses geboten, nicht durch ein Schwanken der massgebenden Handschriften unterstützt, ja nicht einmal durch paläographische Leichtigkeit empfohlen ist, sondern nur dem Wunsche entstammt, einen Mangel an rhythmischer Eleganz zu beseitigen, steht es unter allen Umständen misslich. Doppelt misslich, wenn es

---

*) Andere, zahlreiche Conjecturen findet man bei Wagner (trag. gr. frgm. I, 225) und M. Schmidt (ad Hesych.) verzeichnet und — eingesargt.

sich um das Werk eines 84jährigen Dichters handelt, bei dem wir darauf gefasst sein müssen, wie die Sprache an Schwungkraft, so auch den Bau der Verse an Strenge und Zierlichkeit manche Einbusse erleiden zu sehen. (Vgl. Nauck, Einleitung zum Philoktet, §. 1). Dreifach so, wenn Mängel von genau derselben oder ganz ähnlicher Art in ansehnlicher Zahl vorhanden sind und allen Anfechtungen der Kritik Trotz bieten (vgl. V. 276 — desgleichen C. F. Müller, *de pedibus solutis* p. 74, 92 etc.). Die Runzeln und Falten des Alters lassen sich eben nicht mit kritischen Schönpflästerchen verdecken.*)

Nach einigen interessanten Bemerkungen über die Eigenthümlichkeiten der tragischen Diction und insbesondere über Sophokles' Scheu vor dem Gewöhnlichen (eine Bemerkung, von der wir mit Vergnügen Act nehmen, p. 229—30) gelangen wir zu

14) 'Sophokles fragm. 222 πολλαχοῦ τὸ ῎Αργος κοῖλόν φασι καθάπερ —

τὸ κοῖλον ῎Αργος οὐ κατοικήσουσ᾽ ἔτι.

ex hoc loco revocari in lucem potest facetia apud Machonem Athenaei p. 582ᵃ

ἡ δ᾽ εἶπε· μῆτερ, πῶς, ἔφη, μέλλω φιλεῖν
τὸν μηδὲν ὠφέληκα, τὸν ὑπὸ τὰς στέγας,
τὸ κοινὸν ῎Αργος δωρεὰν θέλοντ᾽ ἔχειν;

imo vero τὸ κοῖλον ῎Αργος dixerat meretricula eo sensu, qui perfacile intelligitur.'

Wir erlebten es oben (Nr. 6), dass Cobet'sche Heilkunst einen Gesunden zu Tode curirte; weit harmloser ist es sicherlich, wenn sie einen Lebendigen aus dem Todesschlaf erweckt! Oder kann eine Emendation zu Athenäus in hellerem Sonnenlichte wandeln, als wenn sie in Meineke's Text (1859)

---

*) Ungleich ansprechender ist ohne Zweifel Nauck's Versuch einer Athetese jenes Verses, doch hat mich seine Beweisführung nicht vollständig zu überzeugen vermocht. Eine erfolglose Belagerung kann ja ebensowohl mit der völligen Vernichtung wie mit dem theilweisen Rückzug der Belagerer enden, und der leidenschaftlichen Rede muss es wohl freistehen, die erste Seite dieser Alternative allein in's Auge zu fassen. Bedenklicher erscheint mir die Wiederholung der Worte und die Abschwächung des Gedankens in 1371—72. Allein auch dies mag ein Mangel der Dichtung und nicht der Ueberlieferung sein.

zu lesen und zum Ueberfluss auch noch in den Additamenta so bündig als treffend begründet ist?!

15)   'Sophocles frg. 329
ἄπελθ' ἄπελθε, παῖ· τάδ' οὐκ ἀκούσιμα
ex Anecdotis Bekkeri pag. 373, 6, ubi in codice est: τὰ δ' οὐκ ἀκουστά, unde rescribendum:
ἄπελθ' ἄπελθε, παῖ· τάδ' οὐκ ἀκουστά COI.'
Hätte unser Kritiker ein wenig unter die Oberfläche geblickt, zweierlei wäre ihm schwerlich entgangen. Einmal, dass sein Ergänzungsvorschlag keineswegs neu ist: ist doch der Vers also ergänzt nicht nur bei Dindorf zu lesen, sondern im Texte von Bekker's Anecdota selbst, an der von Cobet so genau citirten Stelle!!*) Dann aber hätte er doch von einem Nauck und auch von Bergk, dem Jener folgt, nicht annehmen dürfen. dass sie solche auf flacher Hand liegende Ergänzungen nicht selbst zu finden vermögen, oder, wenn sie von Anderen geboten werden, sie aus Muthwillen verschmähen. Und wenn auch, was konnte denn diese Kritiker bestimmen, ἀκουστά durch ἀκούσιμα zu ersetzen? Nichts Anderes als die Erwägung, dass jener Grammatiker dieses Adjectiv nicht in einem Athem der Kreusa (des Sophokles) zusprechen und dem Sophokles absprechen kann. Weil also der Anonymus sich selber widerspricht (nicht etwa weil er den Thatsachen widerspricht, vgl. Oed. R. 1312; ebenso irrig ist die Angabe über ἀρχῆθεν 450, 4—5, verglichen mit Soph. frg. 122, 3), darum änderten Bergk und Nauck die Wortform und versetzten das Citat hinter ἀκούσιμά φησι. Ellendt und Dindorf hingegen setzten an Stelle des doppelten kritischen Eingriffs einen einfachen (ὁ μέντοι Σοφοκλῆς ⟨καὶ⟩ ἀκούσιμά φησι) und vermieden es zugleich, die Worte καὶ Εὐριπίδης δὲ jeder Anknüpfung entbehren zu lassen. Dabei wird es wohl sein Bewenden haben — und somit behielte Cobet Recht und hätte in neidenswerther Unkenntniss aller in Frage kommender Thatsachen durch

---

*) Nur die adnot. crit. (Anecd. III, 1109) meldet uns: 'deest σοι.' Die ganze Stelle lautet: ἀκουστά· ὡς ἐν τῇ Κρεούσῃ· ἄπελθ', ἄπελθε παῖ· τάδ' οὐκ ἀκουστά σοι. καὶ Εὐριπίδης δὲ πολλάκις. ὁ μέντοι Σοφοκλῆς ἀκούσιμά φησι. πολιτικώτερον δὲ λέγει ὁ Φρύνιχος τὸ ἀκουστὰ μᾶλλον ἢ τὸ ἀκούσιμα.

geniale Erleuchtung das Richtige gefunden, — diesmal leider nur wiedergefunden.

16) Hier betritt eine wahre Veteranin des Conjecturen-Kriegs die Bühne, ein Lieblingskind seines Erzeugers, der dasselbe nun schon zum vierten Male 'auf dem kritischen Theater' zur Schau gestellt hat! (Var. Lect. p. 295, Mnem. 9, 119, wo uns bereits ein 'admonuimus jam ante' begegnet, und damit verliert sich die Geschichte dieser Conjectur in die Nacht der sagenhaften Vorzeit). Es gilt den bei Stob. Flor. 29, 25 fehlerhaft überlieferten Vers zu heilen:

οὗτοι ποθ' ἥξει τῶν ἄκρων ἄνευ πόνου (frg. 364).

Otto Schneider's Vermuthung ἅψει ist von Nauck, Dindorf, Meineke in den Text aufgenommen worden, und sie dürfte von ihrer Rivalin (dem vollkommen sinngemässen, nur ein wenig zu gewaltsamen οὐδέποτ' ἐφίξει) auch in Zukunft nicht daraus verdrängt werden, trotz des uns immer von neuem eingeschärften Machtgebotes: '*ad summa pervenire non dicitur* τῶν ἄκρων ἅπτεσθαι *aut* ψαύειν *sed* ἐφικέσθαι'. Man ersetze '*ad summa pervenire*' durch '*summa attingere*' und wo bleibt das Argument?*) — Lässt sich aber hierüber möglicherweise streiten, so gilt dies sicherlich nicht von

17) wo uns die — gleichfalls schon einmal (Mnem. 9, 116) — vorgebrachte Behauptung entgegentritt, es müsse frg. 372

ὡς τοῖς κακῶς πράσσουσιν ἡδὺ καὶ βραχὺν
χρόνον λαθέσθαι τῶν παρεστώτων κακῶν

statt καί heissen κἄν, '*quod eo sensu constanter dici solet*'. So viel ich weiss, steht es dem Dichter vollkommen frei, das 'zeitweilige Vergessen gegenwärtigen Leides' als ein eventuelles, vorkommenden Falls eintretendes zu bezeichnen, oder — was der Situation im Drama besser entsprechen mochte — auf diese Modification des Gedankens und Ausdrucks zu verzichten. (Vgl. z. B. oben Soph. frg. 83, 2 καὶ δυσσεβοῦντα τῶν ἐναντίων

---

*) Die Conjectur wird übrigens, wie billig, von Dindorf angeführt, ad loc. und im lex. Soph. s. v. ἅπτω, ein Umstand, den ich, um nicht allzu einförmig zu werden, im Folgenden nicht mehr jedesmal besonders namhaft mache.

κρατεῖν). Jenes 'constanter dici solet' aber hat für uns wenigstens längst seine Schrecken verloren.

18) Zu Soph. frg. 393 καὶ πεσσὰ πεντάγραμμα καὶ κύβων βολάς werden wir zum dritten Male darüber belehrt (vgl. Mnem. 7, 423 und Nov. Lect. 775—76), dass die Attiker nicht πεντάγραμμα sondern πεντέγραμμα zu schreiben pflegten. Die Sache kann als nahezu ausgemacht gelten (vgl. übrigens Thesaur. s. v.) und auch Nauck würde in einer zweiten Auflage das kleine Versehen wahrscheinlich berichtigen und jene attische Form in den Text setzen, gleichwie dies Dindorf längst gethan hat.

Die Gewissenhaftigkeit, welche uns selbst das kleinste Lichtlein unseres Kritikers — und wäre es so schmächtig wie eine Pfennigkerze — nicht unter den Scheffel stellen heisst, nöthigt uns, eines minimalen Zusatzes zu gedenken, durch welchen derselbe seine alte, aber diesmal gute Waare aufzufrischen bemüht war:

'Apud Suidam v. πεντετάλαντος δίκη editur τὸ Ε ἄτρεπτον τηρεῖται παρὰ τοῖς Ἀττικοῖς, sed pro τὸ Ε emendandum est τὸ πέντε.'

Wir verstanden bisher unter einer Emendation eine wohlbegründete Aenderung überlieferter Textesworte. Wir werden jedoch demnächst diese Definition selber emendiren müssen. Denn Cobet's 'Emendation' ist eben die Ueberlieferung selbst, und die vermeintliche Ueberlieferung, gegen die er zu Felde zieht, ist Porson's wohlbegründete Aenderung derselben! 'τὸ πέντε' κτέ. 'lege, ne apice quidem mutato, τὸ ē i. e. litera ē, non numerus V' (Tracts, p. 287, 8). Und dass diese Aenderung in der That eine wohlbegründete war, d. h. dass hier nicht die allgemeine Regel gelehrt wird, welche Lobeck ad Phryn. p. 412†) also formulirt hat: 'in compositis formam simplicium cardinalium servari debere intemeratam', sondern die specielle auf die Wortform von πέντε bezügliche Vorschrift, dies zeigt Phot. s. v. πεντέπηχυ (worauf Cobet selbst verweist!): καὶ πεντέκλινον, καὶ πεντέχαλκον καὶ πεντέμηνον καὶ πάντα τὰ ὅμοια οὕτω λέγουσι διὰ τοῦ ε, nicht minder die Urquelle dieser ganzen Tradition, Aelius Dionysius (ap. Eustath. ad Odyss. z, 281—1417, 33):

οὕτω (l. οὗτος) δὲ φησι καὶ τὸ πέντε ἐν συνθέσει φυλάττον (l. φυλάττειν) τὸ ε κτέ. *)

19) wird Dindorf's (richtiger Bergk's, s. lex. Soph. s. v. σπίζα) evidente, auch von Nauck angeführte Besserung zu Soph. frg. 395 (σπίζ' ὅπως) zur Annahme empfohlen.

20) 'Sophocles frg. 427 apud Apollonium de Pronom. p. 70^b scribitur: ει μεν ωσει θασσονα ειδως ειτεκοι παιδα, in scholio ad Iliad. X, 410 ἡ μὲν ὡςεὶ θάσσο. ἡ δὲ ὡσιτέζου παῖδα. ἔστιν οὖν δρί. Sophocles dederat:

ἡ μὲν ὡς ἱ θάσσονα
ἡ δ᾽ ὡς ἱ ΤΕΤΟΚΕ παῖδα.

Duae matres inter se contendebant utra velociorem filium pererisset. Manifesto requiritur perfectum τέτοκε. Quod Nauck pro δρί reponebat διφοροούμενον fallitur. Noto compendio sic scribitur pro διφθογγον. Ambigebant utrum ΩΣΕΙ an ΩΣΙ esset apud Homerum scribendum. Reperta vera lectio demonstrat ι esse breve.

ἡ δ᾽ ὡς ἱ τέτοκε παῖδα'. **)

Sollte man nicht glauben, dass unser Kritiker der Erste ist, der hier Unsinn in Sinn verwandelt und aus dem Wust der Ueberlieferung ein anziehendes sophokleisches Bruchstück gewonnen hat? Doch musste er diesmal in Nauck's adnot. crit. die er wiedergibt, lesen:

'Poetae verba restituit Dindorfius addens "loquitur de duabus matribus, quarum sui utraque filii celeritatem praedicabat."' Wahrscheinlich soll das durch den Druck ausgezeichnete τέτοκα andeuten, dass sich sein Antheil an der Restitution des Bruchstücks auf dieses Wort beschränke. Warum ist aber doch

---

*) Ebenso legt Cobet seiner Behandlung von Eurip. frg. 139, 3 ein ἌΡΧων zu Grunde, was Meineke's Conjectur ist und als solche in der adnot. crit. bei Nauck erscheint. Die beste Handschrift bietet ἀκᾶν (man vgl. die Varianten zu Soph. frg. 86, 3), weshalb ich schreiben möchte:

— ὡς ἄπιστόν ἐστ᾽ Ἔρως
κἂν τῷ κακίστῳ τῶν φρενῶν θακεῖν φιλεῖ

**) Die hier noch folgende Bemerkung über ein kleines Versehen Pierson's ad Moerid. p. 182 darf ich wohl wiederzugeben unterlassen, um so mehr, da Pierson selbst in den Addenda die Sache sofort geordnet hat. Auch Nauck's analoges Uebersehen ist längst bei Dindorf stillschweigend berichtigt.

Cobet so überaus wortkarg, wenn es fremde, und so ungemein redselig, wenn es die eigenen Verdienste gilt? — Gar merkwürdig ist es auch, dass die Entscheidung über die Quantität jenes ἴ nicht von der handschriftlichen Ueberlieferung und nicht von der Tradition der Grammatiker abhängen soll, sondern — von Cobet's Gutdünken. Denn für die Behauptung 'manifesto requiritur perfectum' wird es nicht möglich sein, irgend einen stichhältigen Grund zu entdecken. Die 'reperta vera lectio' kann nichts anderes erweisen, sondern muss als wahr selbst erst erwiesen werden.

Die Sache steht in Wirklichkeit, denk' ich, einfach so. Wir werden der Schreibung Dindorf's ⌣ ἣ μὲν ὡς ἴ θᾶσσον ἣ δ' ὡς ἴ τέκοι παῖδ' (vgl. lex. Soph. p. 228, von Bergk also modificirt: παῖδ' ἣ μὲν ὡς ἴ θᾶσσον ἣ δ' ὡς ἴ τέκοι) oder jener Cobet's den Vorzug geben, je nachdem wir die Autorität der Handschrift — die τέκοι bietet — oder diejenige der Grammatiker — welche die Kürze von ἴ behaupten — höher achten. Unter gewöhnlichen Umständen würde die Entscheidung zu Gunsten der Tradition vielleicht nicht fraglich sein. Anders hier, wo es eine Wortform gilt, deren Verbreitung jedenfalls eine äusserst beschränkte war, die man überdies dort zu erkennen vermeinte, wo sie nicht zu finden war (wie bei Homer) und aus denselben Gründen wohl auch mehrfach dort verkannte, wo sie wirklich vorkam, in Betreff deren also das Beobachtungsmaterial ein ebenso kärgliches als unzuverlässiges war. Da ist ein Zweifel wohl gestattet. Und somit bliebe die Frage offen, wenn nicht derselbe Apollonius Dyscolus, der uns das Bruchstück bewahrt hat, eine Seite weiter die βραχεῖα ἐκφορά jenes Pronomen bezeugte (p. 71ᵃ), woraus man mit Fug, wenn nichts anderes, so doch das eine schliessen darf, dass er nicht in Widerspruch mit sich selbst das geschrieben hat, was wir jetzt in der Handschrift lesen. Und so gebührte denn wohl Cobet Dank und Anerkennung für seine schlecht motivirte Aenderung? Es möge ein Grösserer statt meiner antworten: 'Unter einer grossen Zahl solcher Einfälle werden ja auch wohl einige sein müssen, die sich schliesslich als halb oder ganz richtig erweisen; es wäre ja geradezu ein Kunststück, immer falsch zu rathen. In solchem Glücksfall kann man seine Entdeckung laut geltend machen, wenn nicht, so bedeckt glückliche Vergessenheit die gemachten Fehlschlüsse *)'.

21) Zu Soph. frg. 429: Σκυθιστὶ χειρόμακτρον ἐκκεκαρμένος wird Herwerden's hübsche Besserung ἐκδεδαρμένος mit grosser Wärme gepriesen. Ich hätte auch auf Herod. IV, 64 verwiesen. Demselben Schüler Cobet's gehört übrigens die Ergänzung zu Soph. frg. 693 und die Richtigstellung der Verbalform in Eurip. frg. 692 (vgl. *Exercit. crit.* p. 21, 28 und 59), oder richtiger die erstere dieser zwei Verbesserungen würde ihm gehören, wenn sie nicht Meineke (im Text seines Athenäus) vorweggenommen hätte. Auch mit der evidenten Verbesserung zu Eurip. frg. 494: οὐ χρὴ μάχεσθαι πρὸς τὸ θεῖον, müht sich Cobet (p. 262) fast eine Seite lang ab, während er sie eben derselben Schrift seines Schülers (p. 53) entnehmen konnte, die er hier kennt und anführt. Dieselbe scheint übrigens (nach Nauck, *ed. min.*) zuerst von Conington publicirt worden zu sein. Dass frg. adesp. 363 mit Eurip. Ion 1521 identisch ist, hat gleichfalls Herwerden, ebend. p. 89, erkannt, Nauck (ed. min. p. XXI) längst anerkannt.

22. 'Soph. frg. 515:
βιοτῆς μὲν γὰρ χρόνος ἐστὶ βραχύς,
κρυφθεὶς δ' ὑπὸ γῆς κεῖται θνητὸς
τὸν ἅπαντα χρόνον.

Suspicantur θνητός *significare mortuus; quod quum fieri non possit repone*
κεῖται ΤΕθνεὼς τὸν ἅπαντα χρόνον.
Praecedens ΤΑΙ *absorpsit* ΤΕ *sequens et* ΟΝΕѠС *in* θνητός *est corruptum.*

Hätte der grosse Tragiker so geschrieben, der Vers würde an Deutlichkeit nichts zu wünschen übrig lassen. Allein kann denn ein Dichter nur durch Dunkelheit sündigen, kann er nicht auch überdeutlich werden? Braucht man uns erst zu sagen, dass der im Grabe Ruhende todt ist, etwa mausetodt und nicht blos scheintodt? Gewiss hätte niemals Jemand auf den unglücklichen Gedanken gerathen sollen, θνητός mit

---

*) Helmholtz, Das Denken in der Medizin, S. 28.

mortuus zu übersetzen (wer dies übrigens gethan hat, habe ich trotz eifrigen Nachsuchens nicht zu ermitteln vermocht); allein darum müssen wir noch nicht mit unserem Kritiker ausrufen: *quis sanus eum, qui mortuus sit, θνητόν appellaverit?* (Mnem. 9, 147, wo derselbe Gegenstand ein wenig ausführlicher abgehandelt wird.) Ich habe schon einmal meine Ueberzeugung angedeutet, dass das fragliche Wort in diesem Zusammenhang völlig unbedenklich ist (Beiträge zur Krit. und Erkl. III, 23, Anm.). Man übersetze nur — wie schon Hugo Grotius übersetzt hat: 'Kurz währt des Lebens Frist, dann ruht unter der Erde geborgen d e r M e n s c h *(homo)* die ganze Ewigkeit.' Sich der etymologischen Bedeutung von θνητός zu erinnern, oder sich derselben anders zu erinnern als in dem Sinne, dass hier das Loos des Sterblichen, im Leben und im Tode, geschildert wird, dazu war kein Grund vorhanden, und einen Anstoss wird der griechische Leser so wenig empfunden haben wie bei Eurip. frg. 830: βροτῶν νοσοῦσιν οἱ βλέποντες, οἱ δ' ὀλωλότες | οὐδὲν νοσοῦσιν οὐδὲ κέκτηνται κακά.

23) Porson fand es auffällig, dass zwei benachbarte Vocabeln im Hesychius eine theilweise übereinstimmende Erklärung finden:

ἀειφόρος· ἀειθαλής. Σοφοκλῆς Τηλέφῳ
ἀείφρουρος· ἀεὶ διαμένων, ἀειθαλής

und da das letztere Wort in beiden Bedeutungen nachzuweisen (οἴκησις ἀείφρουρος Soph. Antig. 892 — ἀειφρούρῳ μελιλώτῳ Cratin. ap. Athenae. 15, 685ᶜ), von dem anderen aber sonst keine Spur zu finden ist, so wollte er lieber an Abschreibertücke als an Zufallslaune glauben und sprach die Vermuthung aus, es seien auch die Worte Σοφοκλῆς Τηλέφῳ zur zweiten Glosse zu ziehen, die erste aber zu tilgen. Diese *suspicio*, welche — da ἀειφόρος an sich keinerlei Bedenken unterliegt — wohl in alle Ewigkeit eine *suspicio* bleiben muss, findet sich (wie billig) im Thesaurus s. v. ἀείφρουρος mit Porson's eigenen Worten, etwas kürzer in Schmidt's Hesychius verzeichnet; Meineke pflichtet ihr bei (zu Athen. l. l.), nicht so Nauck (frg. 519), Dindorf und M. Schmidt. Cobet empfiehlt nunmehr dieselbe — ohne irgend ein neues Argument vorzubringen — unter Verweisung auf allbekannte derartige Irrungen im

Hesychius*) nochmals zur Annahme, nachdem er schon früher in den *Novae lectiones* (p. 343) dieselbe Muthmassung, damals ohne Kenntniss von des englischen Kritikers Vorgang und Belegen, geäussert hatte.

24) Wir sind glücklich diesen mit einigermassen lästiger Breite behandelten Quisquilien zu entrinnen und sehen mit Freuden, dass im folgenden einige bedeutende Bruchstücke der Tragödie Tereus den Gegenstand der Besprechung bilden, ein Stoff, an dem sich die Kraft eines grossen Kritikers bethätigen kann, und, wir hoffen es, glänzend bewähren wird.

'Sophocles frgm. 521
νῦν δ' οὐδέν εἰμι χωρίς. ἀλλὰ πολλάκις
ἔβλεψα ταύτῃ τὴν γυναικείαν φύσιν,
ὡς οὐδέν ἐσμεν —.

verba sensu vacua. Suspicor olim fuisse:
νῦν δ' οὐ ΔΙΕΙΜΙ χωρὶς ἀλλὰ πολλάκις
ἐΜΕΜΨΑΜΗΝ δὴ τὴν γυναικείαν φύσιν
ὡς οὐδέν ἐσμεν.

praeterea a Valckenario accipiendum: αἳ νέαι μὲν ἘΝ πατρός "Ἥδιστον — ζῶμεν βίον, pro αἳ νέαι μὲν γὰρ πατρός. cf. frg. Euripidis 284, 13:

ἐμεμψάμην δὴ καὶ τὸν Ἑλλήνων νόμον,
οἳ τῶνδ' ἕκατι σύλλογον ποιούμενοι
τιμῶσ' ἀχρείους ἡδονὰς δαιτὸς χάριν.'

Wir sind sprachlos! — Wenn hier irgend welche Worte '*sensu vacua*' sind, —. Doch nein, ich eile den brennenden Boden der Kritik zu verlassen und flüchte schleunigst in die heiteren Gefilde der Exegese. Interpretiren wir also diese dritthalb Verse, und beginnen wir mit einer Uebertragung des ganzen Bruchstücks.

Es spricht ohne Zweifel Prokne, die verrathene Gattin des treulosen Tereus. Sie beklagt ihr vernichtetes Dasein und

---

*) Neu ist hierbei nur die Schreibung Στραβαλοκόμαν· οὐλόκομον statt des überlieferten οὐλοκόμην. Und diese Neuerung ist grundlos, da nicht nur diese Form auch anderweitig (bei Plut. Arat. c. 19) bezeugt ist, sondern die gleiche Doppelform in den verwandten Bildungen (λευκοκόμης und λευκόκομος, ξανθοκόμης und ξανθόκομος, χρυσοκόμης und χρυσόκομος) mehr oder weniger, in den letzten zwei Fällen ungemein reichlich zu belegen ist.

knüpft sofort an diese Klage eine allgemeine Betrachtung. 'Was sie jetzt ihr eigenes Schicksal lehre, die Nichtigkeit alles Frauenglücks, das habe sie längst schon auf dem Wege der denkenden Beobachtung erkannt. Und nun folgt jene thaufrische Schilderung der frohen Mädchenzeit, des kurzen Glücks im Vaterhause mit seinem allzufrühen Ende, der Trennung von Eltern und Heimat, dem Hinaustreten in neue, fremde Kreise, in ein Hauswesen, das einmal in seinen Grundvesten erschüttert (αἱ δ' εἰς σκαλευτὰ δώματ᾽ vermuthe ich V. 10, wie vor mir Jacobs vermuthet hat), ein andermal von Schuld befleckt ist; doch wie es auch beschaffen sei, die Ehefrau hat kein Recht zum Tadel, sie muss sich mit demselben eins fühlen, sobald eine Nacht ihr Schicksal besiegelt und ein unlösbares Band geknüpft hat.' Dies der Inhalt jener herrlichen zwölf Verse. — Wer nun einer Belehrung darüber bedürftig ist, dass ἔβλεψα auch bei Sophokles nicht nur 'ich schaute (mit dem körperlichen Auge)' sondern ebensowohl 'ich nahm wahr, ich erkannte' bedeuten kann, der möge in Dindorf's lex. Soph. den Artikel 'βλέπω *cerno (animo), animadverto*' p. 85ᵃ nachlesen; wem für die Verbindung ἔβλεψα ταύτῃ 'ich nahm auf diese Weise wahr' — auf das folgende bezogen, indem αἳ νέαι μὲν die Stelle eines begründenden Satzes vertritt*) — die Erinnerung etwa an Eurip. Hippol. 379: ἀλλὰ τῇ δ' ἀθρητέον nicht genügt, dem möge der Absatz 'οὗτος *ad sequentia relatum*' (ib. p. 374ᵃ) diesen Scrupel beseitigen helfen. Wirklich anstossen kann man, aber auch nur für einen Augenblick, an χωρίς; allein der Gegensatz des individuellen Schicksals der Sprechenden und des allgemeinen Frauenloses — οὐδὲν εἰμὶ und οὐδὲν ἐσμέν — lässt keinen Zweifel darüber, dass der das Ungewöhnliche liebende Dichter mit diesem Worte dieselbe Vorstellung ('*privatim, seorsum*', wie Wagner, im Uebrigen den Zusammenhang gröblich verkennend, übersetzt) ausdrücken wollte, welche ein Prosaiker oder ein dem Prosaischen minder

---

*) Man sollte vor diesen Worten nicht stark interpungiren: ὡς οὐδὲν ἐσμεν· αἱ νέαι μὲν ἐν πατρὸς κτλ. Weil man in αἳ einst nicht das Relativ erkannte, darum schob man γάρ ein. Valckenaers Besserung ist übrigens von Meineke (Stob. Flor. 68, 19) in den Text gesetzt worden, desgleichen von Dindorf.

abholder Poet durch ἰδίᾳ*), ein Spätling durch κατ᾽ ἰδίαν bezeichnet hätte. Man vergleiche, worauf eben dieser Gelehrte hinweist, Eurip. Hec. 860: χωρὶς τοῦτο κοὐ κοινὸν στρατοῦ. Sollen wir endlich fragen, was Cobet mit seiner 'Parallelstelle' beweisen wollte? Gewiss nicht, denn jedes nähere Eingehen darauf wie auf seinen Restitutionsversuch überhaupt würde leicht einen höhnischen Beigeschmack erhalten, den ich — mit dem Aufgebot aller Kräfte — von meiner kritischen Darlegung fernzuhalten bemüht bin.

25) Das derselben Tragödie angehörige Fragm. 525 φιλάργυρον μὲν πᾶν τὸ βάρβαρον γένος erinnert den Leydner Kritiker an Antig. 1055 '*unde vetus mendum expellere juvat. Editur*
KP. τὸ μαντικὸν γὰρ πᾶν φιλάργυρον γένος.
TEIP. τὸ δ᾽ ἐκ τυράννων αἰσχροκερδίαν [l. αἰσχροκέρδειαν] φιλεῖ. *mendosum est* ΕΚ τυράννων *et poëta dixerat:* τὸ ΔΕ ΓΕ ΤΥΡΑΝΝΟΝ, *ut constanter loquuntur veteres, ubi quis maledicto maledictum reponit:* φιλάργυρος εἶ B. σὺ δέ γ᾽ αἰσχροκερδής.' (Hier folgt eine weitläufige Erklärung der Thatsache, dass dieser und andere Besserungsvorschläge in Dindorf's Ausgaben unter dem Namen Bisschop, wieder andere unter dem Namen Deventer u. s. w. erscheinen. Eine Anzahl von Cobet's Schülern habe bei einem Besuche Dindorf's in Leyden diesem zu Ehren Thesen vertheidigt, die der Meister zum grössten Theile selbst verfasst hatte.)**) '*Emendandum est praeterea* τὸ δέ γε τύραννΟν', — Cobet-Bisschop hatten früher τυράννων beibehalten — worauf der Gebrauch des adjectivischen τύραννος noch durch einige Beispiele belegt wird.

---

*) Selbst das Adjectiv ἴδιος gebraucht Sophokles nur ein mal, desgleichen Aeschylus. Häufig ist es hingegen bei Euripides, der auch das adverbiale ἰδίᾳ keineswegs vermeidet.

**) Eine '*levis suspicio*' des jungen Deventer sei es gewesen, den Vers Oed. R. 845 tilgen zu wollen. Auch hier bedauere ich unserem Kritiker nicht beipflichten zu können, bin vielmehr mit Nauck und Herwerden (welch letzterer seinen Landsmann als Vorgänger nicht kennt) von der Unechtheit dieses Verses überzeugt. Man erwäge doch den Zusammenhang, wonach die Worte nichts anderes besagen können, als: Einer ist nicht dasselbe wie Viele — Wenn Viele Laios ermordet haben, so kann ihn nicht ein Einziger ermordet haben. — und urtheile, ob sich einem Sophokles solch eine Exemplification des Satzes des Widerspruchs füglich zutrauen lässt.

Wieder will ich das missliebige Amt des Kritikers mit der harmloseren Rolle des Interpreten vertauschen. Uebersetzen und erklären wir also jene zwei Verse:
 Kreon: Wahrsagervolk ist stets auf Gold erpicht.
 Teiresias: Und Fürstenblut liebt schimpflichen Gewinn.
Der Seher greift das vom König gebrauchte Wort — γένος — auf und gibt ihm durch die Verbindung mit ἐκ τυράννων eine unzweideutig verschiedene und zugleich die in diesem Zusammenhang allein passende Bedeutung. Man vergleiche die verwandten Schmähreden bei Euripides*):
 Iph. A. 520: τὸ μαντικὸν πᾶν σπέρμα φιλότιμον κακόν
 Hec. 254—55: ἀχάριστον ὑμῶν σπέρμ᾽ ὅσοι δημηγόρους
  ζηλοῦτε τιμάς —
 frg. 284. 2: οὐδὲν κάκιόν ἐστιν ἀθλητῶν γένος
 frg. 1001: ἀεί ποτ᾽ ἐστὶ σπέρμα κηρύκων λάλον
und frage sich, ob Jemand daran denken konnte, von einem τυράννων γένος in diesem Sinn zu sprechen. Auch die leidenschaftliche Scheltrede hat ihre Logik. Sie will oft Unwahres behaupten, niemals Unglaubhaftes. Nur der Bewohner eines Tollhauses mag einen Krämer wie einen König schmähen und einen König wie einen Krämer. Kein Anderer wird einen machtlosen Kleinbürger 'tyrannischer Wütherich' schelten oder einen Herrscher zum Mitglied einer Zunft oder Sippe herabdrücken, einer Sammlung von zahlreichen gleichartigen Individuen, worin der Einzelne sich verliert. Spricht doch aus guten Gründen Niemand auch nur von einem Stand der Monarchen, wie man von einem Stand der Aerzte und Anwälte, der Seeleute und Soldaten redet. Darum musste der Dichter der Antigone genau so schreiben, wie er geschrieben hat.

Dass aber die schmähende Erwiderung es liebt, den Hauptbegriff durch ein γέ zu urgiren, wie einleuchtend ist dies von vorn herein und auch wie wohl bezeugt:

---

*) Bei Aeschylus findet sich kein, bei Sophokles nur dieses eine Beispiel des also abgeschwächten Gebrauchs von γένος (denn Aj. 357 möchte ich, insbesondere im Hinblick auf 201 f. nicht sowohl 'Schiffsvolk' als — salaminisches — 'Schiffervolk' verstehen); σπέρμα findet sich im uneigentlichen Sinne nur bei Euripides vor. Wann werden wir Wörterbücher besitzen, die uns in solchen Fragen nicht im Stiche lassen?

allein daraus nunmehr ein Gesetz zu machen, eine unabänderliche Regel, an die wir den Tragiker gebunden erachten, wie sollen wir dies nennen, wenn nicht kritischen Pedantismus? Und wären wir nicht schliesslich selbst Pedanten, wenn wir einem Sophokles erst noch ausdrücklich das Recht wahren wollten, in dem einen Vers γένος mit einem Adjectiv zu verbinden und im andern mit einem Substantiv (mit oder ohne Präposition) — etwa wie Homer singt: θεῖον γένος οὐδ᾽ ἀνθρώπων —, auch wenn es hier nur jene Uniformität zu meiden gälte, die dem Dichter so verhasst und seinem Kritiker so theuer ist?

26)   'Sophocles frgm. 527
ὅστις γὰρ ἐν κακοῖσι θυμωθεὶς βροτῶν
μεῖζον προσάπτει τῆς νόσου τὸ φάρμακον,
ἰατρός ἐστιν οὐκ ἐπιστήμων κακῶν.

Non est facile perspicere quae sit tandem horum verborum sententia. Quid est φάρμακον μεῖζον τῆς νόσου? Intelligi possit ΧΕΙΡΟΝ *τῆς νόσου, plane ut est in Gallico proverbio:*
le remède est pire que le mal.

Deinde qui ita facit non est ἰατρὸς οὐκ ἐπιστήμων κακῶν, *ignarus malorum, sed artis imperitus,* οὐκ ἐπιστήμων τέχνης. *In textu Stobaei passim pessime interpolato non ex apicibus litterarum sed ex sententiae fundo sana lectio est eruenda.'*

Was ein φάρμακον μεῖζον τῆς νόσου bedeuten soll, dies einzusehen mag nicht völlig 'leicht' sein, allein übermässig schwer ist es sicherlich auch nicht. Es ist dies natürlich ein Heilmittel von heftigerer, eingreifenderer Wirksamkeit als die Krankheit selbst. Und dass es nur von der Grösse der Gabe abhängt, ob ein Mittel heilbringend oder zerrüttend wirkt, ob es eine Arzenei oder ein Gift ist, wem brauchte man das zu sagen? Gewiss keinem Griechen, dessen doppeldeutigem φάρμακον diese Lehre auf der Stirn geschrieben steht. Und ist denn Cobet's 'Besserung' auch nur möglich? Hat etwa der Zorn (θυμωθείς) die Tendenz uns 'schlechtere' Heilmittel wählen zu lassen und nicht gewaltsamere? Auch gehen diesen Versen zwei andere voraus, welche unser Kritiker nicht anführt (obgleich er den einen derselben in alter Zeit durch

eine kleine, aber treffliche Emendation: ἀνουστέρως für ἀνούστερ',
berichtigt hat):

ἄνους ἐκεῖνος, αἱ δ' ἀνουστέρως ἔτι
ἐκεῖνον ἠμύναντο <πρὸς τὸ> καρτερόν. *)

Kann da noch ein Zweifel bestehen? Oder vielmehr könnte
selbst dann ein solcher übrig bleiben, wenn wir nicht (seitdem Welcker, Griech. Tragöd. I, 363, darauf hingewiesen hat)
wüssten, dass hier die Opferung des Itys, jener entsetzliche
Racheact gemeint ist, durch welchen Tereus seinen Frevel
mehr als einfach gebüsst und Prokne ihr Leid zehnfach
vermehrt hat? Solch ein φάρμακον war nicht nur μεῖζον, es
war πολλαπλάσιον τῆς νόσου.

Der zweite Theil von Cobet's Anmerkung verdient weit
ernstere Beachtung. Auch uns wenigstens will es nunmehr
bedünken, dass jenes Wort nicht von des Dichters Hand herrühren kann; schon die Wiederholung desselben im Laufe von
drei Versen (wohlverstanden die Wiederholung ohne Nachdruck) scheint seiner kaum würdig, hauptsächlich aber: ein
Arzt wie Jener, mit dem die Handelnden verglichen werden,
kann sehr wohl 'der Uebel kundig' sein, nur nicht des angemessenen Gebrauchs der Heilmittel; seine Diagnose mag richtig
sein, nur seine Therapie ist es nicht. Und eben dies scheint
mir hier Cobet's eigener Fall zu sein, dessen gewaltsamem
φάρμακον ich ein weit gelinderes vorziehe:

ἰατρός ἐστιν οὐκ ἐπιστήμων ἀκῶν.

27) Wir waren soeben in der erfreulichen Lage, von Cobet
eine Belehrung oder doch mindestens eine fördernde Anregung
zu empfangen; leider muss ich sofort wieder die Amtsmiene
aufstecken, und zwar die Miene eines arg gequälten und
darum freilich auch ein wenig grämlichen Recensenten. Zu
Soph. frg. 528 nämlich:

θνητὰ φρονεῖν χρὴ θνητὴν φύσιν
τοῦτο κατειδότας κτέ.

wo wir bisher die Wahl zu haben glaubten zwischen des
Hugo Grotius Umstellung: θνητὴν δὲ φύσιν χρὴ θνητὰ φρονεῖν und

---

*) Wie Bamberger, oder ἠμύνοντο κοὐκ ἐκαρτέρουν, wie Nauck zweifelnd
vermuthet.

Meineke's Versuch einer Hebung des metrischen Fehlers: θνητὰ φρονεῖν χρὴ θνητοὺς φύντας werden wir jetzt darüber belehrt, dass letzteres unstatthaft sei und es heissen müsse: θνητοὺς ὄντας. Denn — man höre! — πέφυκα zwar werde gleichbedeutend mit εἰμί gebraucht und πεφυκώς mit ὤν, weil aber φῦναι '*non ita usurpatur, sed pro* γενέσθαι (μὴ φῦναι ἐπιχθονίοισιν ἄριστον *et* τὸν φύντα θρηνεῖν εἰς ὅσ' ἔρχεται κακά *et similia passim*), *apparet* θνητοὺς φύντας *vitiose esse dictum*.' Ich habe mir alle erdenkliche Mühe gegeben, diesen Worten einen anderen Sinn zu entlocken, als den monströsen: φῦναι werde immer absolut gebraucht, ohne prädicative Bestimmung. Doch muss das Cobet's Meinung sein, weil nur dies die Wahl seiner Beispiele erklärt und weil aus jeder anderen Auffassung seiner Worte nicht das folgen könnte, was er daraus folgert. Allein, welche Deutung immer wir diesem Satze leihen, er steht in jedem Falle mit allbekannten Thatsachen der griechischen Sprache in so grellem Widerspruch, dass wir kaum begreifen können, wie ein Kenner derselben ihn zu Papier gebracht hat. Oder weiss Cobet irgend einen, auch den leisesten Bedeutungsunterschied zwischen μῶρος πέφυκε (Soph. frg. 866) und ἔφυμεν — μῶροι (Oed. R. 435—36), zwischen κακὸς πέφυκα (Phil. 558) und ἔφυς κακός (Oed. R. 627)? Dann möge er uns und andere Gräcisten schleunigst davon verständigen.

Wie es möglich ist, dass unser auf Conjecturen erpichter Kritiker mitunter Dinge übersieht, die jeder Anfänger inne hat? Ich will mit einem Bild antworten. Der muntere Knabe auf der Schmetterlingsjagd hat nur für den farbenglänzenden Falter Augen, nicht aber für die Dornhecke oder den Wassergraben, der ihn von seinem Ziele trennt.

30) Eine belehrende Zusammenstellung von Ueberresten sophokleischer Poesie, in welchen ein geringfügiger Inhalt in ein unverhältnissmässig pomphaftes Wortgewand gehüllt ist und die darum zum Theil schon im Alterthum den Vorwurf der ψυχρότης auf sich zogen — in Wahrheit wohl Aeusserungen dessen, was ich den sprachlichen 'Spieltrieb' des Dichters nennen möchte — mündet p. 236 in die folgende kritische Bemerkung:

'Fallitur Nauck. in frg. 640 ex Polluce VII, 193: τὸ κωμῳδούμενον ἐν Σοφοκλέους Φινεῖ βλέφαρα κέκληταί γ᾽ ὡς καπηλείου θύραι. Suspicatur enim verba ὡς καπηλείου θύραι comici poëtae esse et Sophoclea periisse. In dramate Satyrico et re ludicra poëta suo jure sic jocatus est. Res Comico nescio cui ridicula visa est et lusit aut:

τὸ τοῦ Σοφοκλέους ὡς καπηλείου θύρα

aut aliquo simili modo.... Leve est ex eodem fragmento vitium eximendum. Scribendum enim ὡς καπηλείου θύρΑ, pro θύραι.'

Dass der Phineus des Sophokles ein Satyrdrama war — die res ludicra war wohl die Blendung seiner Söhne — durch diese Entdeckung hat sich unser Kritiker alle Freunde des Dichters sicherlich zu lebhaftem Danke verpflichtet; nur der Entdecker selbst achtet seinen Fund auffallend gering, indem er drei Seiten später (p. 239) über eine Stelle des Drama's und dessen hochtragischen Inhalt in einem Tone handelt, als hätte er jenes ἕρμαιον bereits vergessen. Wollen wir daher nicht Cobetischer sein als Cobet selbst, so werden auch wir den 'Zwischenfall als erledigt ansehen' dürfen und, da an eine Flüchtigkeit des — Lexikographen zu denken durchaus kein Grund vorliegt, nothgedrungen zu Naucks Annahme zurückkehren müssen.

Warum aber der Plural von θύρα ein 'leve vitium' sein soll? Hätte es doch unserem Kritiker gefallen, diesen Ausspruch auch nur mit einer Silbe zu begründen! Er überschätzt augenscheinlich unsere Kraft, die Kraft von Durchschnittslesern, wenn er meint, wir könnten in solchen Dingen seiner führenden Hand entrathen. Warum also muss der parodirende Komiker θύρα in der Einzahl geschrieben haben? Etwa, weil es unpassend ist, die zwei Augenlider mit zwei Thürflügeln zu vergleichen? Oder weil der Parodist sich ängstlich davor hüten musste, einen Anklang an das tragische Original zu bewahren, in welchem wahrscheinlich das hochtrabendere πύλαι einen Platz fand*)?

---

*) Sophokles könnte geschrieben haben: βλέφαρα κέκληται τἀνδρὸς ὡς Ἄϊδου πύλαι, was freilich frostig genug wäre; allein eben darum lud es zur Parodie ein.

31) 'Soph. frg. 574

φεῦ φεῦ, τί τούτου χάρμα μεῖζον ἂν λάβοις
τοῦ γῆς ἐπιψαύσαντα κᾆθ' ὑπὸ στέγῃ
πυκνῆς ἀκοῦσαι ψακάδος εὑδούσῃ φρενί;

Stobaeus [flor. 59, 12] *omisso* φεῦ φεῦ *exhibet* λάβοις ποτέ. *Verum esse videtur:*

τί τοῦΔΕ χάρμα μεῖζον ἂν λάβοις ποτέ;

Refertur enim τοῦδε *ad id quod sequitur. Plutarchus eximio loco, quem Nauckius indicavit (in vita Aemilii Pauli cap. I* [in neueren Ausgaben *Timol. c. I*]*) ad superiora referens dedit:* τί τούτου χάρμα μεῖζον ἂν λάβοις;'

Dass Valckenaer (in der Diatribe p. 294) genau dasselbe vermuthet hat (wohlgemerkt, ohne die Plutarchische Stelle herbeizuziehen und desgleichen ohne Kenntniss der besten Handschriften des Stobäus), dies soll Cobet's Verdienst nicht im mindesten schmälern. Denn ihm gehört die Ehre der Begründung. Plutarch also hat, wir wissen nicht, ob mit Absicht oder aus Achtlosigkeit, jenes τοῦδε, weil es im Zusammenhang seiner Rede auf das Vorangehende hinweist, mit τούτου vertauscht. Und nicht genug an dieser Irrung oder dieser Willkür; der liebenswürdige Moralist erträgt es nicht, den in Folge dessen um einen Fuss gekürzten Vers — τί τούτου χάρμα μεῖζον ἂν λάβοις — in dieser unvollständigen Gestalt anzuführen, wie er Aehnliches doch beinahe auf jeder Seite seiner Werke that; vielmehr ruht er nicht, ehe er die Einbusse, welche der Wegfall der Partikel ποτέ verursacht — die übrigens, merkwürdig genug, ganz wie ein Flickwort aussieht — wieder wett gemacht hat, indem er das durchaus angemessene und echt tragische φεῦ φεῦ anstückt. Kurzum, der Weise von Chäronea hantirt mit Nadel und Scheere, ebenso flink und keineswegs ungeschickter als manch ein Textverbesserer der neuesten Aera. Und all das müssen wir glauben, weil — nun weil uns wohl die Aussage eines älteren Zeugen, eines verlässlicheren Gewährsmanns keine andere Wahl lässt? Nicht doch, das alles ist ja Plutarch und nicht Stobäus, und zum Ueberfluss bieten auch die besten Handschriften des Stobäus jenes verpönte τούτου. Warum also ist es doch verpönt? Einzig und allein darum, weil nicht τούτου sondern τοῦδε '*refertur ad id quod sequitur*'! — Und nun male man sich das Bild eines Poeten aus, der sich an solch eine Regel sklavisch bindet, angesichts der wechselnden Forderungen des Metrums, des Rhythmus, des Wohlklangs, angesichts der echt künstlerischen Neigung von dem Gewöhnlichen abzuweichen, schon darum, weil es das Gewöhnliche ist. Armer Sophokles! Wie traurig, wenn dies dein Bild ist, und auch wie traurig, wenn es das nicht ist und dafür ausgegeben wird — von Jenen, welche dich kennen und ehren sollten und die man nunmehr von deinen Werken hinweg zu einer Wortsammlung*) weisen muss, auf dass sie gewahr werden, dass du ein Dichter bist und kein Pedant!

Wir aber sind es herzlich müde den Schulmeister zu spielen. Auch lieben wir es keineswegs, uns an dem Anblick des Niedergangs einer bedeutenden Forscherkraft zu weiden. Hätten wir doch — wie gerne! — über dieses unerfreuliche Schauspiel den Schleier nachsichtigen Vergessens gebreitet, wenn es nicht eine Erscheinung gälte, die wie wenige dazu angethan ist, den tiefgreifendsten und nachhaltigsten Schaden zu stiften. Der Forscher, dessen Leistung uns beschäftigt, steht auf der Höhe des Erfolgs **) und in der Vollkraft seines Wirkens. Noch zeigen seine Fähigkeiten keine Spur des Verfalls oder Ermattens. Die autoritätsscheue Nüchternheit, die skep-

---

*) Dindorf's *lex. Sophocl.* 374a: 'οὗτος *ad sequentia relatum*', belegt mit einem halben Schock von Beispielen, desgleichen ὅδε 331a '*saepissime ita dicitur ut res jam memorata respiciatur*'. Die vermeintliche Regel ist gar keine solche, sondern dass ὅδε im ganzen häufiger auf das Folgende, οὗτος auf das Vorangehende (nicht als ein Vorangehendes, sondern als ein geistig Gegenwärtiges) sich bezieht, s. wieder Dindorf l. l. 373a, dies ist ein Corollar jener Bedeutungsnuance, auf die Krüger hinweist mit dem Bemerken: ὅδε bezeichne 'eigentlich eine Anschauung, οὗτος eine Vorstellung'. Auch hier waltet nur ein Gradunterschied ob, denn in der Phrase οὗτος ἐκεῖνος z. B. bedeutet οὗτος die Anschauung und ἐκεῖνος als das räumlich weiter abliegende die Vorstellung, vermöge derselben Sprachlogik, welche die Partikel der zeitlichen Nähe oder Gegenwart (νῦν) zum Symbol der Wirklichkeit erhebt im Gegensatze zu einer blossen Annahme. — Jene Pseudo-Regel hat übrigens mancherlei Irrungen erzeugt, z. B. im Herodot, worüber ein andermal mehreres.

**) — 'Der erste Gräcist dieses Jahrhunderts, Cobet' — so durfte noch vor wenigen Wochen Lucian Müller schreiben (Friedrich Ritschl, eine wissenschaftliche Biographie, Berlin 1877, S. 21).

tische Fragelust, die ihn auszeichnen, sie sind noch ganz so rege und lebendig wie ehemals. Sein Geschmack verrieth allezeit einen, neuerlich vielleicht etwas schärfer ausgeprägten, Zug zum Trivialen. Sein erfindsamer Scharfblick, der niemals ein weitsichtiger war und den nie irgendwelcher Tiefsinn begleitet oder begrenzt hat, bewährt innerhalb der ihm gezogenen Schranken noch immer die alte durchdringende Kraft. Was jedoch in stets rascherem, ja in erschreckend raschem Sinken begriffen ist, das sind die anderweitigen Factoren gedeihlicher wissenschaftlicher Arbeit . . . . Möchte es noch gelingen, den Unholden, welche diesen starken Geist umstricken und in die Tiefe zerren, ihr Opfer zu entreissen.

Für die Besitzer von Dindorf's Sammlung *(Poëtae scenici graeci)* mögen hier den Nauck'schen Zahlen der in dieser Schrift behandelten oder erwähnten Bruchstücke des Aeschylus und Sophokles (bei den Euripides-Fragmenten waltet kein solcher Zwiespalt ob) diejenigen Dindorf's gegenüberstehen:

Aeschyl. frg.	5	Nauck	5	Dindorf.
"	20 }	"	19	"
"	21			
"	193	"	196	"
"	289	"	440	"
"	374	"	387	"
Sophocl. frg.	14	"	18	"
"	83	"	106	"
"	85	"	108	"
"	86	"	109	"
"	103	"	93	"
"	105	"	95	"
"	122	"	132	"
"	216	"	225	"
"	222	"	230	"
"	329	"	327	"
"	364	"	463	"
"	372	"	358	"
"	393	"	381	"
"	395	"	382	"
"	427	"	418	"
"	429	"	420	"
"	499	"	489	"
"	515	"	964	"
"	519	"	510	"
"	521	"	517	"

Sophocl. frg.	525	Nauck		512	Dindorf.
„	527	„		514	„
„	528	„		515	„
„	532-33	„	.	520	„
„	574	„	.	563	„
„	640	„	.	635	„
„	693	„	.	703	„
„	786	„	.	713	„
„	866	„		691	„

Berichtigungen.

Seite	3,	Zeile	18	von oben statt	wird.	lies	wird?	
„	4,	„	5	„ „ „	frg. 327	„	Eurip. frg. 327	
„	8,	„	6	„ unten „	σαρής?	„	σαρής;	
„	13,	„	3	„ oben „	Worte	„	Verse	